Kerstin Söder

111 Orte
im Fränkischen Seenland,
die man gesehen
haben muss

emons:

Bibliografische Information der Deutschen Nationalbibliothek
Die Deutsche Nationalbibliothek verzeichnet diese Publikation
in der Deutschen Nationalbibliografie; detaillierte bibliografische
Daten sind im Internet über http://dnb.d-nb.de abrufbar.

© Emons Verlag GmbH
Alle Rechte vorbehalten
© der Fotografien: Kerstin Söder,
außer Seite 41: Sandra Weckmar;
Seite 145: photocase.com/akai
Gestaltung: Eva Kraskes, nach einem
Konzept von Lübbeke | Naumann | Thoben
Kartografie: altancicek.design, www.altancicek.de
Kartenbasisinformationen aus Openstreetmap,
© OpenStreetMap-Mitwirkende, ODbL
Druck und Bindung: Grafisches Centrum Cuno, Calbe
Printed in Germany 2015
ISBN 978-3-95451-492-2
Originalausgabe

Unser Newsletter informiert Sie
regelmäßig über Neues von emons:
Kostenlos bestellen unter
www.emons-verlag.de

Vorwort

Es gibt ihn tatsächlich, den Humor der Franken! Entdeckt werden kann er auf dem 1. deutschen Spaßwanderweg nahe Treuchtlingen, der wunderbar sinnfrei durch die Landschaft führt. Oder kennen Sie einen der Top-Ten-Gruselorte Deutschlands? Im Hahnenkamm liegen die Reste der Uhlbergkapelle, seit Hunderten von Jahren Wohnsitz der Weißen Dame. Überhaupt gehen in der Ungestörtheit des Hahnenkamms keltische Opfer-Blutsteine und erste christliche Siedlungen eine seltsame Verbundenheit ein.

Ein sehr viel bodenständigeres Engagement mit Genussfaktor zeigt dagegen beispielsweise die Brotbäckerei in Roth-Eichelburg. Für Genießer steht in Weißenburg der Schokoladenhimmel offen, fast direkt neben den Köstlichkeiten im Europäischen Spezialitätenladen. Zur Linderung von Magenschmerzen sei anschließend das Museum der Einhorn-Apotheke empfohlen.

Wen wundert's, dass schon die Ansbacher Markgrafen im 18. Jahrhundert die Gegend zu schätzen wussten und mit zahlreichen Kirchen, Prachtbauten und der Roten Mauer Zeugen ihres ausschweifenden Lebens hinterließen.

Genauer hinschauen muss dagegen, wer dem Limesweg von Ruffenhofen bis Treuchtlingen folgt und das meist im Boden schlummernde UNESCO-Weltkulturerbe entdecken will. Deutlicher ist der einst gescheiterte Traum vom Rhein-Main-Donau-Durchbruch heute als idyllischer Kaiser-Ludwig-Kanal sichtbar und als moderner, funktionierender Wassertransportweg auf der Schleusenplattform in Roth-Eckersmühlen erlebbar.

Vieles gibt es zu entdecken und auszuprobieren! Was aber das wirklich Allerschönste ist im Fränkischen Seenland: Alle Seen lassen sich auf nahen Uferwegen umrunden, zahlreiche Rad- und Wanderwege verbinden die Orte miteinander und führen durch wunderschöne Landschaften.

Viel Spaß beim Entdecken des Fränkischen Seenlandes!

111 Orte

1 Das Klöppelmuseum

Spitzen-Handwerk in Gold und Silber

Fast war es wie so viele traditionelle Handwerkskünste in Vergessenheit geraten: das Klöppeln. Gerettet wurde diese Abenberger Tradition durch eine Bausanierung. Sie brachte die kunstvolle Vergangenheit in Form von frühen Klöppelbriefen und -arbeiten zutage und führte letztendlich dazu, dass das bisherige Klöppelmuseum aus dem Rathaus in die modernen Ausstellungsräume auf Burg Abenberg umziehen konnte. Heute werden dort Fächer, Umhänge und bodenlange Kleider aus feinster Klöppelspitze gezeigt sowie seltene Metallklöppelspitzen. Aus Liebe zu ihrer Handarbeit und mit kreativem Mut haben Klöpplerinnen die alten Muster in neue Garne und Farben gefasst – das Ergebnis ist verblüffend modern.

Abenberg besitzt eine lange Klöppeltradition. Im 17. Jahrhundert brachten die Augustinerinnen des ansässigen Klosters Marienburg den Abenberger Frauen die Klöppelkunst bei, wodurch diese ihre magere Haushaltskasse aufbessern konnten. Etwa ab 1820 wurde die Leinenspitze durch Arbeiten aus Gold- und Silberfäden ersetzt, die aus den Leonischen Fabriken der benachbarten Städte kamen (siehe Seite 150). Der Handel florierte weltweit, Abenberg wurde europäisches Metallspitzenzentrum, um die Nachfrage zu decken, mussten auch Männer- und Kinderhände ran. Das Museum zeigt anschaulich die Arbeitsabläufe und die sozialen Bedingungen in den Klöpplerfamilien. Zwar wurden im 19. Jahrhundert die ersten Klöppelmaschinen erfunden, aber komplexe Muster und individuelle Formen sind auch heute noch echte Handarbeit. Eindrucksvoll sind die Klöppelvorführungen, wenn Unmengen Stecknadeln auf einem Rundkissen »geparkt«, darunterhängende Holzklöppel scheinbar munter durcheinandergeworfen werden und am Ende eine filigrane Spitze aus edlem Garn herauskommt.

Gepflegt wird das Klöppelhandwerk übrigens in der Klöppelschule Abenberg, die 2013 ihr 100-jähriges Bestehen feierte und regelmäßig Kurse anbietet.

Adresse Burgstraße 16, 91183 Abenberg, www.museen-abenberg.de | **Anfahrt** B 446 Gunzenhausen/Abenberg, im Kreisverkehr Richtung Kammerstein, Neumühle, Abenberg oder St 2220 folgen über Rothaurach, Aurau und Kleinabenberg, in Abenberg der Ausschilderung zur Burg folgen | **Öffnungszeiten** März, Nov., Dez. Do–So 11–17 Uhr; April–Okt. Di–So 11–17 Uhr, Vorführungen: So 14–16 Uhr | **Tipp** Vom nebenan stehenden Burgturm »Luginsland« hat man einen wunderbaren Ausblick ins Abenberger Land.

2 Der Druidenstein

Mystisches Geotop im Abenberger Wald

Im Abenberger Wald zwischen Abenberg und Georgensgmünd, nahe des kleinen Ortes Mäbenberg, befindet sich ein mächtiger Felsblock: der Druidenstein. Allein aufgrund seiner abgeschiedenen Lage hat er seit jeher die Phantasie der Menschen beflügelt.

Das verwitterte Äußere und das mächtige Erscheinungsbild des ungewöhnlichen Steines haben schnell gruselige Sagen von heidnischen Priestern und Druden (Geistern) entstehen lassen, die noch heute erzählt werden. Allerdings wurde der Fels erst Ende des 19. Jahrhunderts als Opferplatz keltischer Priester interpretiert, eine etwa zehn Zentimeter tiefe Kerbe in der Oberfläche entsprechend den Opferriten deutete man als »Blutrinne«. So erhielt der bis dahin zwar fremdartige, aber harmlos daliegende Felsblock den mystischen Namen Druidenstein. Vermutlich ist er ein verwittertes Überbleibsel aus der Eis- und Zwischenzeit, von der außer dem Höhenrücken zwischen Abenberg und Georgensgmünd nur noch einzelne Hügel und Restblöcke übrig sind. Verschiedene Grabungen im Erdreich ergaben keinen Hinweis auf die Herkunft des Steines oder seine Verwendung.

Bereits 1465 wurde der markante Felsen erstmals als Flurzeichen erwähnt. Da der Sandstein auf seiner Nordseite ausgehöhlt ist, wurde er einfach als »Hohlzeichen« benannt. Dies deutet darauf hin, dass das heute dicht bewaldete Gebiet damals noch für den Feldbau genutzt wurde.

Der Stein ist immerhin rund 4,70 Meter lang, 3 bis 4,50 Meter breit und 1,80 Meter hoch. Er liegt einige Meter abseits des daran vorbeiführenden Weges, ist aber kaum zu übersehen.

Wer sich vom Druidenstein inspirieren lassen will, kann das mit einer Wanderung von Georgensgmünd beziehungsweise von Abenberg aus Richtung Mäbenberg verbinden. Sonntags gibt es dort im Mambercher Kuhstallcafé neben einem Stück Kuchen auch einen Blick in den Stall (siehe Seite 58).

Adresse Druidenstein im Abenberger Wald zwischen 91183 Abenberg und 91166 Georgensgmünd-Mäbenberg | **Anfahrt** B 446 Gunzenhausen / Abenberg, im Kreisverkehr Richtung Kammerstein, Neumühle, Abenberg oder St 2220 folgen über Rothaurach, Aurau und Kleinabenberg. In Abenberg die RH 39 Obersteinbach, weiter über die RH 9 Untersteinbach nach Mäbenberg. Vor Mäbenberg zweigt zwischen Waldrand und Hopfenfeld links ein unbefestigter Weg ab. Zu Fuß dem Waldweg und später dem Schild »Druidenstein« folgen. Circa 800 Meter weiter liegt rechts zurückgesetzt der Druidenstein. | **Tipp** Mäbenberg ist Geburtsort des spätmittelalterlichen Gelehrten und Theologen Konrad von Megenberg (1309 – 1374), am Kirchlein St. Oswald hängt eine Informationstafel.

3__ Das Fahrradmuseum

Als Radhelm out und Frack noch in war

In einer der vermutlich ältesten Mühlen im Landkreis hütet er seine Schätze, der »Radsherr aus Wassermungenau«. Sobald etwas zwei Räder hat und vom Zeitgeist weit abgehängt auf der Standspur ausgebremst liegen geblieben ist, wird es für Helmut Walter erst richtig interessant. Mit seiner ersten großen Liebe, einem gut erhaltenen Victoria-Rad, begann eine Sammelleidenschaft, die sich inzwischen auf über 150 Zweiräder samt Zubehör und kompletter historischer Ausrüstung erstreckt. Auf 200 Quadratmetern präsentieren sich heute 100 Jahre Fahrradgeschichte.

Seinen liebsten Fahrrad-Veteranen, ein Rudge 54 Zoll Hochrad von 1880, hat er von seinem würdelosen Dasein als Seidenblumendekorationsobjekt befreit. Nun glänzt es edel in blankem Metall und wird stilecht in Frack und Handschuhen ausgefahren. Andere Zweiräder zeigen Rostansatz und Gebrauchsspuren. Aber das ist Zeitgeschichte, die sich sehen lassen kann und – nach Meinung des Radsherrn – auch gesehen werden soll.

In die Gemütlichkeit des klassischen Oma-Rades verliebt man sich sofort und würde es gern direkt mitnehmen. Etwas gewöhnungsbedürftig ist das Hercules-Reitrad »Cavallo«, das sich durch das Auf und Ab der Lenkerbewegung fortbewegt und von Liebhabern als »äußerst sexy« betitelt wird.

Räder erweiterten den Bewegungsradius der Menschen und wurden als Dank zu hochgeschätzten Lebensabschnittsbegleitern. Mit liebevollen Kleinigkeiten wurden sie geschmückt, aufwendige Karbidlampen und Schutzblechfiguren zeigten den gesellschaftlichen Status. Bei einem Gewicht von 21 Kilo für ein Wanderer Herrenfahrrad Baujahr 1939 mit Vollgummibereifung freut man sich jedoch über den technischen Fortschritt.

Fahrradkult ist Geschmacksache, und doch spürt man in diesem außergewöhnlichen Museum Wehmut aufsteigen. Lohnenswert ist der Blick auf 100 Jahre Fahrradgeschichte allemal.

Adresse Der Radsherr, Pflugsmühle 1b, 91183 Abenberg-Pflugsmühle, Tel. 09873/976744, www.der-radsherr.de | **Anfahrt** B 466 Richtung Wassermungenau, in Wassermungenau Richtung Spalt, linker Hand zeigt ein Wegweiser zur Pflugsmühle. Das Museum liegt hinter dem Biergarten. | **Tipp** Fränkische Brotzeit gibt's im Biergarten, und wer will, kann das gemeinschaftliche »Hutessen« ausprobieren.

4__ Der Mühlenweg

Als das Wasser kam, versanken die Mühlen

Der letzte Müller gab erst auf, als das Wasser schon deutlich sichtbar nach seinem Anwesen griff. Die Hühner-, Furth-, Beutel-, Scheer- und Neumühle versanken im Kleinen Brombachsee, die Griesmühle im Igelsbachsee. Säg-, Grafen-, Birken-, Öfeleinsmühle und schließlich die Langweidmühle verschwanden bei der Flutung der Seen langsam in den Wassermassen des Großen Brombachsees. Am Pleinfelder Rathausbrunnen ist den elf Müllern ein Denkmal gesetzt: Symbolisch sitzen drei von ihnen auf ihren Sandsäcken und blicken ins Wasser, auf dessen Grund ihre Mühlen versunken sind. Einige der Anlagen existierten bereits im 14. Jahrhundert und wurden über Generationen hinweg als Getreide- oder Sägemühlen oder zur Stromerzeugung betrieben. Jetzt erzählt ein fünf Kilometer langer Rundwanderweg die Geschichte der versunkenen Mühlen, Ausgangspunkt ist der Mühlstein an der Touristeninformation. Auch Informationstafeln direkt am See erzählen vom jeweiligen Anwesen, das vor der Entstehung des Seenlandes dort stand.

Der Brombachsee ist Teil eines überregionalen wasserwirtschaftlichen Ausgleichsprojektes zwischen Donau- und Maingebiet. Für mal eben 460 Millionen Euro ist in den 70er bis 90er Jahren das Fränkische Seenland entstanden. Heute kann durch Wasserzugaben der sommerbedingte Niedrigstand der Regnitz unterhalb von Nürnberg ausgeglichen werden. Der Rothsee wird als Zwischenspeicher über den Main-Donau-Kanal mit Wasser aus Altmühl und Donau versorgt, und das Hochwasser der Altmühl wird über den Altmühlsee erst im Kleinen und dann im Großen Brombachsee aufgefangen. In trockenen Sommern ist so die Versorgung des wasserärmeren Regnitz-Main-Gebietes gesichert.

Spektakulär verläuft das jährliche Langstreckenrennen »Lost Mills« der Stand-up-Paddler. Die Strecke verläuft über die versunkenen Mühlendächer hinweg einschließlich einer Fuß-Sprintstrecke über den Zwischendamm.

Adresse Tourist-Information Absberg, Hauptstraße 31, 91720 Absberg | **Anfahrt** B 466, Wassermungenau, Obererlbach, Kalbensteinberg/Igelsbach, Absberg beziehungs-weise kurz nach Brand über Gräfensteinberg nach Absberg oder auf B 466 Richtung Pleinfeld über Langlau bis Absberg | **Öffnungszeiten** Tourist-Info: Mo–Fr 9–12 Uhr, Mi 18–19 Uhr, der Wanderweg ist jederzeit begehbar und ausgeschildert | **Tipp** Das Infozentrum Mandlesmühle »Seenland – Wasser für Franken« dokumentiert die Entstehung des Fränkischen Seenlandes und die Hintergründe zur Wasserversorgung (Mandlesmühle 1, 91785 Pleinfeld, www.pleinfeld-am-brombachsee.de).

5_ Der Müßighof

Alles bio und noch etwas mehr

Ein Besuch auf dem Müßighof ist mehr als »Einkaufen auf dem Bauernhof«. Seit 1930 gehört das landwirtschaftliche Gut zur Regens-Wagner-Einrichtung und fungiert als integratives Arbeits- und Lebensumfeld für Menschen mit und ohne Behinderung. Es gilt das Prinzip der kurzen Wege. Mit der Schubkarre wird das Gemüse von den Feldern und aus dem Gewächshaus herangebracht und am Eingang auf die bereitstehenden Kisten verteilt. Frischer Erdgeruch breitet sich aus, am Boden der Kräutertöpfe hängen sandige Erdkrümel, und auf den dicken Salatköpfen glänzen noch die letzten Wassertropfen. Im großzügigen Eingangsbereich verbreiten fröhlich-bunte Töpfersachen aus den angrenzenden Werkstätten gute Stimmung, ein Hauch von Kaffeeduft weht vom Bistro herüber.

Im Hofladen gibt es vor allem Bio-Qualität direkt vom Feld: vom Spargel bis zum Kohlkopf oder Obst und Fleisch aus der eigenen Ochsenmast.

Auf einem Bauernhof dürfen die Tiere nicht fehlen. Hinter dem Bistro liegen die Ställe und Laufflächen der Eselfamilie mit Nomi, Tinka, Toni, Ines, Kuki, Lucca und Pedro. Mit ihrem tierischen Charme, den plüschigen Langohren und dem unvergleichlichen Blick aus tiefgründigen Eselaugen verbreiten sie eine entspannte Gelassenheit. Kleinere und größere Wanderungen mit ihnen gehören zum Müßighof-Programm und sind äußerst beliebt. Wie sich die vermeintliche sprichwörtliche Sturheit in geduldige Gelassenheit wandeln kann, lässt sich bei so einer Esel-Trekkingtour durch Felder und Wiesen wunderbar erfahren. Die grauen Vierbeiner sorgen garantiert für einen hektikfreien Ausflug. Einige Meter weiter klettern Ziegen auf einem Steinhaufen, und ein selbstbewusster Pfau scheucht die kleine Hühnerschar vor sich her.

Mit dem Verkauf der Ernte von Gemüsefeldern, Getreideflächen und Obstwiesen im angebauten Hofladen schließt sich der ökologische Kreislauf.

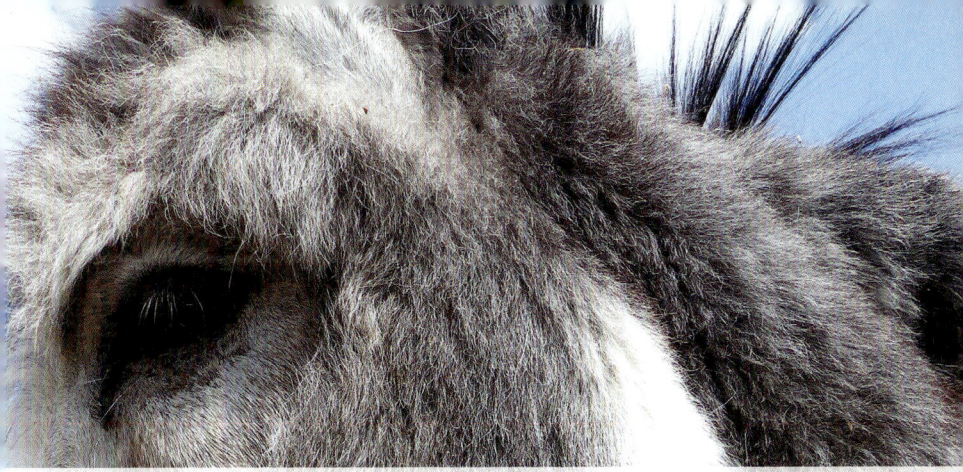

Adresse Regens Wagner Absberg, Müßighof 1, 91720 Absberg | **Anfahrt** B 466 nach Wassermungenau, Obererlbach, weiter nach Kalbensteinberg/Igelsbach, über Absberg Richtung Badehalbinsel, 100 Meter weiter rechts zum Müßighof oder auf B 466 Richtung Pleinfeld bis Langlau, dann nach Absberg, vor der Badehalbinsel geht es links zum Müßighof | **Öffnungszeiten** Hofladen und Bistro: Di–Fr 9–16.30 Uhr, Sa 9–14 Uhr | **Tipp** Die Kuchen und Torten im Bistro sind schier unwiderstehlich gut! Schöne Surf- und Bademöglichkeiten gibt es auf der nahen Badehalbinsel.

6 Die Kirche am Jakobsweg

Ein Schatzkästlein im Hügelland

Straßennamen gibt es hier nicht. Wer die Ortskirche sucht, orientiert sich am spätgotischen Kirchturm, der irgendwann zwischen den Hausdächern auftaucht, oder folgt dem Zeichen der Jakobsmuschel. Kalbensteinberg ist eine Pilgerstation auf dem Jakobsweg zwischen Ulm und Nürnberg, die Muschel findet sich als Wegweiser an vielen Hauswänden wieder. Kleine Straßen führen an den Sandsteinhäusern vorbei, deren warmer rötlicher Farbton Gemütlichkeit und Ruhe ausstrahlt. Bald steht man vor der Dorfkirche. Für den, der seinen Besuch nicht angemeldet hat, bleibt die Tür allerdings verschlossen. Aus gutem Grund. Die Rieterkirche ist nämlich eher ein museales Schatzkästlein, das zwar dem Gemeindeleben offensteht, aber Besichtigungen nur im Beisein des Pfarrers oder Mesners erlaubt.

Das Gotteshaus wurde 1464 bis 1488 von der Familie der Rieter von Kornburg gebaut und entwickelte sich zum Sammelort von Kunstschätzen, die über Generationen hinweg hier ihre Heimat fanden und das Gemeindeleben bis heute prägen. So gibt es eine wundertätige, um 1470 geschnitzte Madonna, die bei inbrünstigem Gebet als Zeichen ihrer Unterstützung bittere Tränen weinte. Da die Kirche vor der Reformation Wallfahrtskirche war, wird die wundertätige Madonna ihren Teil zum Ablasshandel beigetragen haben. Seitlich vom Altar steht der geduldige Palmesel – geschnitzt um 1460 in einer Nürnberger Werkstatt –, der auf Holzrädern befestigt einen Ehrenplatz an den Palmsonntagsprozessionen einnahm. Eine Legende erzählt von seinem sturen Widerstand: Als man ihn in böser Absicht entführen wollte, war er nicht von seinem Platz zu bewegen. Eigentlich erzählt jede der vielen Heiligenfiguren, jedes Tafelbild, Familienwappen, Glasgemälde und die Gestaltungen der Seitenaltäre eine eigene Geschichte. Der Pfarrer gibt diese gerne sonntags nach dem Zehn-Uhr-Gottesdienst in einer Kurzkirchenführung weiter.

Adresse Rieterkirche, Kalbensteinberg 63, 91720 Absberg-Kalbensteinberg, Kontakt: Evang.-Luth. Pfarramt Kalbensteinberg, Pfr. Martin Geisler, Tel. 09837/233 | **Anfahrt** B 466 Richtung Wassermungenau, Obererlbach, nach Obererlbach links abbiegen nach Kalbensteinberg, im Ort am Kirchturm orientieren | **Öffnungszeiten** Kurzführung So nach dem 10-Uhr-Gottesdienst oder nach tel. Vereinbarung | **Tipp** Der Kirschen-anbau hat in Kalbensteinberg Tradition. Anfang Mai wird das Kirschblütenfest gefeiert, ab Juni werden Kirschen frisch vom Baum verkauft.

7__Das Museum im Kuhstall

Damals Mühsal, heute geliebt und bewundert

Wer rastet, der rostet. Und so weit wollte es Richard Sturm nicht kommen lassen. Wem die Liebe zur Landwirtschaft in die Wiege gelegt wurde, den beschäftigt sie sein Leben lang. Als die aktive Zeit der Milchviehwirtschaft zu Ende ging, wurde nach einer intensiven Aufräumaktion und Nachdenkphase eine Idee geboren – und auch bald in die Tat umgesetzt.

In den langen Jahren der Wald-, Feld- und Viehwirtschaft war so manches alte Gerät irgendwo in den Tiefen der Scheune verschwunden, das jetzt wieder eine neue Bestimmung erfahren sollte. Raritäten und alte Erbstücke wurden hervorgeholt, abgestaubt, liebevoll geputzt und neu aufbereitet.

Heute sind sie in ihrem zweiten Leben als Museumsstücke zu bestaunen. Auf 600 Quadratmetern findet sich ein Querschnitt aus allem, was früher zum ländlichen Leben gehörte. Auf dem Heuboden sind die Kinder- und Spielsachen zum Greifen nah; Leiter- und alte Mistwagen, Odel(Gülle)wagen mit Fässern, rund 30 verschiedene Holzpflüge, Eggen und Sämaschinen, eine Dreschmaschine aus Straubing, Odelpumpen, eine Mähmaschine für Pferde- oder Kuhgespanne und rustikale Feuerwehrleitern sind in Scheune und Stall zu sehen. Handwerkszeug wie Schaufeln, Hacken und Waagen, Sägen und Obstpressen wurden ebenso gesammelt wie Alltagsgegenstände, darunter Nähmaschinen, Kinderwagen, Spinnräder, Ofensteine und vieles mehr.

Liebend gerne werden alte Sachen von Landwirten für das Museum abgegeben, weil man sie hier in guten Händen weiß. So kamen einige Raritäten aus benachbarten Höfen oder der nahen Umgebung hierher, aber auch ein altes, geschichtsträchtiges Butterfass fand seinen Weg vom Trödelmarkt in die schützenden Scheunenwände. Rost setzt hier garantiert keines der Stücke an, das Wissen über das »gute alte Leben auf dem Land« wird hier sorgsam gehütet und an die nachfolgende Generation weitergegeben.

Adresse Haus Nummer 3, 90584 Allersberg–Eppersdorf | **Anfahrt** A 9 Ausfahrt Allersberg, im Ort Richtung Neumarkter Straße, rechtzeitig abbiegen auf die Neuburger Straße und von dort auf die Eppersdorfer Straße bis Eppersdorf | **Öffnungszeiten** nach Vereinbarung, Tel. 09176/1217 oder 09176/5090 | **Tipp** Bereitstehende Bänke laden ein zur Brotzeit aus dem mitgebrachten Picknickkorb. Für Kinder gibt es Platz zum Toben und Tiere zum Streicheln.

8_ Die Starkwindwarnung
Adrenalinkick für Wassersportler

Hier ein Kiosk mit den besten Pommes, am gegenüberliegenden Ufer ein Café mit gemütlichen Barsesseln und mittendrin fröhliches Strandleben mit Luftmatratzen, Wasserschlachten und vorbeigleitenden Windsurfern. Alles bleibt überschaubar familiär und bietet einen hohen Entspannungsfaktor. Darf es auch, denn der Sicherheit garantierende Überwachungsdienst wird von unauffälligen gelben Sturmlampen übernommen. Sie fallen nur ins Auge, wenn man bewusst nach ihnen sucht. Oder wenn eine dunkle Wolkendecke am Himmel sichtbar wird, der Wind an Stärke gewinnt und die Wellen beginnen, heftiger ans Ufer zu schlagen. Dann leuchten an einigen Uferbereichen gelbe Blitze auf und verbreiten eine bedrohliche Atmosphäre. Erfahrene Wassersportler allerdings werden jetzt erst richtig wach.

40 Blitze pro Minute schickt das orangefarbige Blinklicht bei Windstärken von sechs und sieben Beaufort übers Wasser. Sie warnen vor aufkommendem Starkwind. Während Schwimmer sich jetzt Richtung Ufer bewegen und Picknickkörbe zusammengepackt werden, fangen die Augen der Surfer und Segler an zu leuchten. Steigt die Blitzanzahl auf 90 pro Minute, bläst der Wind mit einer Stärke von acht Beaufort. Aus Gummitieren und Luftmatratzen ist längst die Luft raus, kleine Sandburgenbauer sitzen eingehüllt auf Handtüchern, und die platt gedrückten Gräser der Badewiesen richten sich zaghaft wieder auf. Kiter ziehen jetzt die Leinen fest, und Surfer befestigen ihre Segel auf den Boards. Und los gehen die Vorführungen der echten Könner. Wendungen, Luftsprünge und Drehungen über Wellenkringel hinweg, und das in einem Tempo, dass den Zuschauern am Ufer die Luft wegbleibt. Schlechtes Wetter gibt es nicht, bei Sturmwarnung entwickelt sich pure Lebensfreude bei den Wassersportlern, die's wirklich können. Die anderen holen sich einen Teller Pommes oder genießen das Schauspiel bei tiefschwarzem Espresso.

Adresse zum Beispiel 91710 Gunzenhausen Surfcenter Altmühlsee, generell überall an den Surfstränden von Altmühl- und Brombachsee | **Anfahrt** B13 über Merkendorf und Muhr bis Gunzenhausen-Seezentrum Schlungenhof, oder ab Schlungenhof auf B466, St2222 Richtung Absberg/Pleinfeld, die Surfcenter sind extra ausgeschildert. Da die Wasserflächen auf weite Entfernungen gut einsehbar sind, kann ein beliebiger Platz am Seeufer gesucht werden. | **Tipp** Sturmwarnungen gibt es nur am Altmühlsee, Igelsbachsee, Kleinen Brombachsee, Großen Brombachsee und Rothsee, nicht am Hahnenkamm und sicher nicht bei Dennenlohe. Der Warndienst kommt von April–Okt. direkt von der Regionalzentrale München.

9__ Die Wildgänse

Badeverbot für Konrad Lorenz' Graugänse

Das Fränkische Seenland ist ein Traum für die Grau- und Wildgänse, die einer Studie der Technischen Universität München zufolge sogar von München hierherfliegen. Die ungewöhnlichen Ausflugsgäste haben die flachen Strände mit ihren weiten Liegewiesen und den Brachflächen am Altmühlsee schon vor vielen Jahren für sich entdeckt und lassen sich auch vom sommerlichen Badebetrieb nicht stören.

Eigentlich sind Wildgänse Zugvögel. Nicht so die bayerisch-fränkischen Tiere. In Süddeutschland entstand eine Grauganspopulation, für deren Entstehen der Zoologe und Verhaltensforscher Konrad Lorenz verantwortlich war. Rund 200 Gänse hielt er erstmals Ende der 50er Jahre am Max-Planck-Institut in Seewiesen im Freiland. Diese Tiere sind sozusagen die Gründer einer neuen fränkischen Wildgans-Dynastie. Das typische Zugverhalten, wie es die nordischen Graugänse zeigen, haben diese ursprünglich auf Menschen geprägten Tiere nämlich nie gelernt.

Um das Wanderverhalten der bayerisch-fränkischen Gänse zu erforschen, wurden vor einigen Jahren 170 Exemplare eingefangen, beringt und zum Teil mit GPS-Rucksacksendern versehen. Die Auswertung der Daten hat gezeigt, dass der Altmühlsee einen optimalen Lebensraum für die Tiere bietet. Auf der 200 Hektar großen, als Naturschutzgebiet ausgewiesenen Vogelinsel im nördlichen Teil des Sees ziehen sie ihren Nachwuchs groß. Zum Teil tummeln sich hier – inklusive durchziehender Wildgänse – über 1.000 Graugänse.

So viele Tiere hinterlassen eine Menge Dreck. Eine einzige Gans lässt locker zwei bis drei Kilo Mageninhalt am Tag zurück. Auf Badewiesen ist das natürlich nicht gerne gesehen. Um die Tiere fernzuhalten, wurden bereits Schwimmketten vor den Stränden im Wasser ausgelegt, über die die Gänse aber einfach drübergehüpft sind. Erfolgreicher sollen kleine Heckenpflanzungen als Sichtbarrieren sein. Die Forschungen laufen weiter …

Adresse überwiegend an den Wiesen und Stränden von Altmühl- und Brombachsee | **Anfahrt** B 13 über Merkendorf und Muhr a. See bis Gunzenhausen-Seezentrum Schlungenhof oder ab Gunzenhausen St 2222 zum Brombachsee über Pleinfeld bis Ramsberg Hafen; die Parkplätze rund um die Seen sind ausgeschildert. Fuß- und Radwege führen an Badestränden und Freizeiteinrichtungen vorbei. | **Tipp** Fernglas einpacken, sich entspannt auf den Wiesen oder Bänken niederlassen und die Tierwelt beobachten. Auf der Minigolfanlage am Badeufer Schlungenhof kann Geschicklichkeit trainiert werden.

10 Das Haus der Rettung

Wo das Leben Filmgeschichte schrieb

1941 bis 1945, während des Zweiten Weltkrieges: In einem unterhalb der Kirche gelegenen Haus in Arberg lebt ein jüdisches Kind bei der katholischen Familie Hummel. Kreszentia »Zenzi« Hummel gibt sie als ihre Tochter aus, um sie vor dem Holocaust zu retten. Kreszentia war damals eine junge Frau und in München »in Stellung«, wie es früher eben üblich war. Dass sie bei ihrer Rückkehr eine uneheliche Tochter mitbrachte und dörfliche Schadenfreude und Häme auf sich nahm, rettete dem jüdischen Mädchen das Leben. Nur der Dorfpfarrer war in die geheime Rettungsaktion eingeweiht. Der Vater überlebte die Kriegsjahre und holte seine Tochter nach vier langen Jahren zurück nach München.

Das jüdische Mädchen war Charlotte Knobloch, die später für ihr herausragendes Engagement zur Aussöhnung von Juden und Nichtjuden vielfach geehrt wurde. Aufgrund ihres langjährigen Wirkens für die Israelitische Kultusgemeinde München und Oberbayern (IKG) wurde sie zur Ehrenbürgerin von München ernannt und erhielt viele weitere Auszeichnungen und Anerkennungen, unter anderem auch die höchste zivile Auszeichnung der Bundesrepublik Deutschland. Kreszentia Hummel aus Arberg hat alle Ehrungen, die man ihr zukommen lassen wollte, zeit ihres Lebens abgelehnt. Ihren Lohn sah sie in der Rückkehr zweier Brüder aus dem Krieg, mehr wollte sie nicht. 2002 ist sie gestorben. 2003 wurde dieser Teil ihrer Lebensgeschichte von Regisseur Xaver Schwarzenberger unter dem Titel »Annas Heimkehr« verfilmt. Für Kreszentia Hummel aus Arberg war es kein Spiel, sondern vier Jahre ihres Lebens, ganz real und ungeschönt. Bis heute erinnern in der Arberger Stadtgeschichte nur wenige Sätze an die Bürgercourage dieser jungen Frau in einer schwierigen Zeit.

Politische Zeitgeschichte wurde auch im Ortsteil Kemmathen geschrieben: Hier lebte der Großvater des früheren bayerischen Ministerpräsidenten Franz Josef Strauß.

Adresse Markt Arberg, Marktplatz 13, 91722 Arberg, Infos unter Tel. 09822/82210 | **Anfahrt** A6 Fränkisches Seenland/Gunzenhausen, B13 bis Weidenbach über Ornbau bis Arberg | **Tipp** Ein lohnenswerter Abstecher ist das Kunstatelier Zimmermann in Mörsach, Kirchplatz 8. Wer Abkühlung sucht, kann sich am nahen Badestrand Mörsach im Altmühlwasser tummeln.

11__Die Bronzeglocken

Das klingende Methusalem-Quintett der Klosterkirche

Wer am kleinen Ort Auhausen im Hahnenkammgebiet vorbeifährt, dem fallen sofort zwei mächtige nebeneinanderstehende Kirchtürme ins Auge. Und wer um die Mittagszeit vorbeikommt, der hört den Klang der ältesten in Schwaben datierten Glocke: die Auhausener »Zwölfuhrglocke«. Seit dem Jahre 1264 läutet sie vom Südturm und war Stundenbegleiter für die Klosterbewohner im frühen 13. Jahrhundert. Wie mächtig das Kloster damals war, das die Herren von Auhausen gründeten, lassen die trutzigen Türme und der von der Klostermauer umschlossene Klosterhof mit Brunnen nur noch erahnen.

Der Wert der alten Bronzeglocken wurde sogar während beider Weltkriege anerkannt, sodass ihnen das Glockenschicksal des Einschmelzens erspart blieb.

Aus dem Jahre 1280 stammt die »Vesperglocke«. Sie ist den vier Evangelisten St. Lukas, St. Markus, St. Matthäus und Johannes geweiht und hat einen Durchmesser von 53 Zentimetern. Zwei nahezu identische »Geschwister« befinden sich in den Türmen der Pfarrkirche Obermichelbach und der Feuchtwanger Sankt-Johannes-Kirche. Die kleine schlichte »Taufglocke« besitzt nur einen Durchmesser von 46 Zentimetern. Hell und zart erklingt sie bei feierlichen Taufanlässen. Die mit 102 Zentimetern Durchmesser größte und machtvollste der Bronzeglocken wurde im Jahr 1320 gegossen und trägt den bezeichnenden Namen »Feuerglocke«. Wirklich gerne hört sie niemand, verkündete sie doch über die Jahrhunderte hinweg drohende Gefahr und Leid. Die jüngste ist die »Elfuhrglocke« im Südturm. Sie hat einen Durchmesser von 88 Zentimetern und stammt aus dem Jahre 1340.

Der wunderbaren Akustik der Klosterkirche sowie der spirituellen und etwas archaischen Atmosphäre ist es zu verdanken, dass hier seit einigen Jahren sehr erfolgreich die hochwertige Konzertreihe »Musica Ahuse« durchgeführt wird.

Adresse Kirche, Klosterhof 7, 86736 Auhausen | **Anfahrt** A6 Fränkisches Seenland/
Gunzenhausen, B13 Richtung Gunzenhausen, B466 Richtung Oettingen, in
Westheim abbiegen nach Auhausen | **Öffnungszeiten** täglich ab 10 Uhr bis Sonnen-
untergang (18 Uhr), Programm der Konzertreihe unter www.musica-ahuse.de | **Tipp**
Direkt am Abzweig zum Klosterhof sprudelt klares Wasser in ein gefasstes Steinbecken,
dahinter liegen die freien Wörnitzauen. Nicht weit entfernt liegt der Hohentrüdinger
Kirchturm (siehe Seite 112).

12__Das Deutsche Pinsel- und Bürstenmuseum

Von Schaumschlägern und Kratzbürsten

Nur in Japan gibt es ein vergleichbares Museum zur Geschichte des Pinsel- und Bürstenmachens. Wer also im Fränkischen Seenland weilt, sollte den kürzeren Weg ins Pinselmuseum von Bechhofen nehmen. Über 3.000 Exponate aus aller Welt sind hier ausgestellt, vom seidig-weichen Rasierschaumpinsel zum alltagstauglichen Naturburschenpinsel aus Schweineborsten, von harten Kratz- bis zu zarten Massagebürsten, alten Kehrbürsten und -besen bis hin zu den filigranen Malpinseln für Künstlerhände; daneben unzählige Pinselchen und Bürstchen für den Schönheitsbedarf. Der Besucher erfährt alles über die Geschichte der Pinselherstellung und erlebt, was ein Fahrradreifen damit zu tun hat. Eine Kratzbürste ist gar kein raubeiniger Mitmensch und der Besen der kleinen Hexe auf dem Blocksberg mehr als nur ein Fluggerät. Zarte Marderhaare werden wie Gold gehandelt, und selbst Härchen aus Rinderohren werden verarbeitet. Wer dieses Museum wieder verlässt, sieht garantiert jede Bürste und jeden Pinsel mit anderen Augen.

40 Fabriken hatten einst ihre Blütezeit im Bechhofener Pinsel- und Bürstenland. Gründervater war vor über 250 Jahren Johann Caspar Bühler, der das Handwerk als Schreiner auf der Walz gelernt hatte und Ende des 18. Jahrhunderts in den kleinen Ort nach Mittelfranken brachte. Die Fertigung von Pinseln in Heimarbeit ermöglichte den bitterarmen Familien ein kleines Zubrot. Heute gibt es noch etwa zehn international tätige Unternehmen in Bechhofen. Auch die bundesweit einzige Berufsschule für Pinsel- und Bürstenmacher hat hier ihren Sitz. Das Museum wird mit viel Herzblut unterhalten.

Übrigens: Auch der Mann im Mond war von Beruf Besenbinder. Nur weil er verbotenerweise sonntags Besen gebunden hat, muss er nun Nacht für Nacht die Himmelslaterne bürsten.

Adresse Dinkelsbühler Straße 23, 91572 Bechhofen, www.pinselmuseum-bechhofen.de | **Anfahrt** A6 Fränkisches Seenland/Gunzenhausen, B13 Gunzenhausen, Abzweigung Claffheim/Burgoberbach, über Großenried bis Bechhofen, das Museum liegt direkt an der Straßenverzweigung Feuchtwangen/Dinkelsbühl | **Öffnungszeiten** So und Feiertage 13.30–17 Uhr, Mo–Sa mit Rufbereitschaft 10–12 und 14–16 Uhr, Sonderöffnungen anfragen im Touristikbüro Markt Bechhofen, Tel. 09822/60614 | **Tipp** Im Ortsteil Königshofen, Pfarrer-Kneipp-Straße 1, führt Johannes Schlender das Museum »messen & wiegen« (im Sommer jeden zweiten Sonntag im Monat 13–17 Uhr und nach Vereinbarung geöffnet, Tel. 09822/5856).

13 — Der jüdische Friedhof
Wo Kissingers Großmutter begraben wurde

Im Oktober 1938 hat der letzte jüdische Bürger Bechhofen verlassen müssen. Geblieben sind 2.223 verwitterte Grabsteine als stumme Zeugen von fast 300 Jahren jüdischen Lebens. Insgesamt waren es wohl 8.000 Steine, der älteste stammt aus dem Jahr 1603. Viele sind inzwischen zerfallen und im Boden versunken. Im Sommer 2008 wurde der von einer großen Steinmauer umgebene Friedhof mit Unterstützung des Frankenbundes e. V. in das Bewusstsein der Bevölkerung zurückgeholt und als kulturelles Erbe vor dem Verfall gerettet. Jeder einzelne Stein wurde gebürstet und von Bewuchs befreit. Die freigelegten Inschriften wurden fotografiert, entziffert, Zeichen und Symbole katalogisiert. Die Auflistung ist umfangreich, immerhin war der jüdische Friedhof Bechhofen mit 16.510 Quadratmetern der zweitgrößte jüdische Friedhof in Bayern.

Die ersten jüdischen Familien wurden bereits 1559 in den Gemeindechroniken erwähnt. Bis 1938 haben jüdische Gemeinden aus 18 Orten ihre Toten nach Bechhofen gebracht, sie kamen unter anderem aus Ansbach, Cronheim, Treuchtlingen, Herrieden und Gunzenhausen. Auch der sozial engagierte jüdische Fabrikant Steindecker ist hier bestattet. Seine Familie trug erheblich zum Aufschwung der örtlichen Pinsel- und Bürstenmacherindustrie (siehe Seite 32) bei. Im Internet wurden die Ergebnisse der Grabstein-Rettungsaktion veröffentlicht und haben weltweite Reaktionen hervorgerufen. Der Wunsch ist groß, bei der Übersetzung der alten hebräischen Inschriften zu helfen und den Grabsteinen ihre Identität zurückzugeben.

Lebenslinien nachfolgender Generationen aus aller Welt nehmen in dem kleinen mittelfränkischen Ort Bechhofen ihren Anfang. So auch die des in Fürth geborenen früheren US-Außenministers Henry Kissinger, dessen Familie 1938 in die USA emigrierte. Seine Großmutter Peppi Stern starb 1919 in Leutershausen, ihr Grabstein steht in Bechhofen.

Adresse Ziegeleistraße/Blütenstraße, 91572 Bechhofen an der Heide | **Anfahrt**
A6 Fränkisches Seenland/Gunzenhausen, B13 Gunzenhausen, Abzweigung
Claffheim/Burgoberbach, über Großenried bis Bechhofen, am Kreisel in der Ortsmitte
in die Ziegeleistraße einbiegen bis fast Ortsende, dann links in die Blütenstraße bis zur
Friedhofsmauer. | **Öffnungszeiten** Anmeldungen zu Führungen über Markt Bechhofen
an der Heide, Tel. 09822/6060, www.markt-bechhofen.de, oder unter der Woche den
Schlüssel beim Rathaus erfragen | **Tipp** Im nahen Beyerberg liegt das einzigartige
»hortus-insectorum« von Markus Gastl (www.hortus-insectorum.de). Zeugnisse des
jüdischen Lebens finden sich auch in Georgensgmünd (siehe Seite 46).

14_Die Gelbe Bürg

Gipfelplateau für Wolkenschäfchen und Herzenleger

Eigentlich ist es ein einfaches, ziemlich kahl in die Höhe ragendes Bergplateau. Trampelpfade ziehen sich über den kurzen Rasen, vom Wind durchfegte Büsche erkämpfen sich an den Abhängen ihren Platz. Aber wer bereits auf dem Parkplatz am Fuße des Gelben Berges steht und einen Blick auf die Infotafeln geworfen hat, der wird auch den Anstieg auf 628,4 Meter in Angriff nehmen und dem sich windenden Steinpfad zum Gipfelplateau folgen. Endlich oben angekommen, zeigt sich in der weiten Fernsicht, warum dieses strategisch günstig gelegene Plateau des Gelben Berges den Menschen durch die Jahrhunderte der Besiedelung als befestigter Siedlungsplatz diente.

Ausgrabungen in den Jahren 1908 bis 1911 brachten die Geschichte des Berges zutage. Er gehört zu den Ausläufern der Fränkischen Alb und wurde bereits vom 10. bis 8. Jahrhundert v. Chr. sowie in der späten Hallstattzeit im 6. Jahrhundert v. Chr. mit Mauern befestigt. Im 4. Jahrhundert n. Chr. wurde das Bergplateau zu einer Höhensiedlung der Germanen mit mächtigen, bis zu 13 Meter breiten Mauern ausgebaut. Ende des 5. Jahrhunderts endete die Besiedlung des Gelben Berges. Bestimmten früher hohe Steinmauern, Streitereien und kriegerische Auseinandersetzungen die Geschicke des Berges, so legen heute verliebte Pärchen Steine und Felsbröckchen in Herzform auf die weithin sichtbaren Berghänge. Schafherden grasen als natürliche Landschaftspfleger auf den welligen Hängen, und in den vielen Kuhlen und Steinsenken lässt es sich wunderbar zum Wolkenhimmel träumen. Historiker führen den Namen »Gelbe Bürg« auf »Burg des Gebo« zurück (ein Franke namens Gebo soll ehemals auf der Burg geherrscht haben). Einheimische erfreuen sich im Frühling an den gelb leuchtenden kleinen Wiesenblumen, die nach einem farblosen Winter die Berghänge mit ihren Blüten bedecken. Dann leuchtet der Gelbe Berg wahrhaft golden weit hinein ins Seenland.

Adresse Gelber Berg im Hahnenkamm, 91723 Dittenheim | **Anfahrt** A6 Fränkisches Seenland/Gunzenhausen, B 13 bis Gunzenhausen, B 466 Richtung Oettingen bis Gnotzheim/Heidenheim, vor Heidenheim links abbiegen, St 2384, vorbei an der ehemaligen Kaserne, Wanderparkplatz auf der linken Seite am Fuße des Berges | **Tipp** Die Steinerne Rinne von Kurzenaltheim: Dafür auf der gegenüberliegenden Straße Richtung Kurzenaltheim bis zum Waldrand laufen, rechts dem Weg und später dem Schild »Steinerne Rinne« folgen.

15 Das Spielzeugmuseum

Wo altes Spielzeug eine neue Heimat findet

Erst seit wenigen Jahren existiert dieses kleine, feine Museum im Pleinfelder Tor, dem einzigen noch erhaltenen Stadttorturm von Ellingen. Eine Holztreppe windet sich in den ersten Stock zum Heimatmuseum, weiter oben beginnt dann die Spielzeugwelt. Große, vollständig ausgestattete Kaufläden, ein Miniatur-Korbstand, eine mit funkelndem Schmuck behangene Weihnachtsbude, Puppen, aufziehbares Spielzeug, eine Miniatur-Schlosserei mit einer manuell beheizbaren Dampfmaschine und vieles mehr sind auf die Turmetagen verteilt. In einem Stockwerk sind unzählige Märklin-Baukästen und Modelle untergebracht. Mit Geschick lässt sich das Lastgut eines Krans transportieren, während andere Bausätze darauf warten, fertig geschraubt und ausprobiert zu werden. Trafos stehen bereit, und ein kleines Solarauto fängt die Sonnenstrahlen ein.

In diesem Museum ist Mitspielen erwünscht, Kinder vergessen hier gerne die Zeit und »moderne« Freizeitbeschäftigungen. Überhaupt sollte man sich Zeit nehmen, die in vielen Jahren gesammelten Exponate und ihre Geschichten zu erleben. Die Museumshüterin und Initiatorin Henriette Westinger kennt jedes der wunderbaren Miniaturwerke genau und schätzt die Gebrauchsspuren, die an besonders geliebtem Spielzeug noch deutlich zu sehen sind. Dass hier alles bis ins Detail liebevoll zusammenpasst, ist ihrer persönlichen Handwerkskunst zu verdanken. Sie näht aus dem kleinsten Stoffstückchen oder alten Herrenkragen noch ein kleines Hütchen oder fertigt aus alten Stoffen eine echte Rosshaarmatratze fürs Puppenbett. Alles lässt sich noch verwerten, nichts ist zu alt und alles auf jeden Fall zu schade zum Wegwerfen.

Der Turm selbst besticht durch sein frühbarockes Erscheinungsbild von 1660 und die harmonische Eleganz der beiden identischen Rundtürmchen an seinen Seiten. Wenn zwei Schaukelpferde am Tordurchlass stehen, einfach mal die Turmtreppe hochgehen.

Adresse Pleinfelder Straße 31, 91792 Ellingen, Tel. 09141/70545 | **Anfahrt** A6 Schwabach/Roth, B2 Roth/Weißenburg, Abzweig Ellingen; die Pleinfelder Straße liegt östlich des Schlossparks, die Eingangstür etwas unscheinbar direkt im Turmdurchgang | **Öffnungszeiten** Faschingsdienstag, Ostermontag, Pfingstmontag, Brauereifest, Herbstmarkt, Adventssonntage sowie am 2. Weihnachtsfeiertag jeweils 13–17 Uhr oder jederzeit auf Nachfrage | **Tipp** Unbedingt die Ellinger Residenz des Deutschen Ordens besichtigen, im Frühjahr bilden die zarten Scilla-Blüten einen blauen Farbteppich im Schlosspark.

16 Der Karlshof

Ein alter Gutshof wird Ausstellungsort

Mit Mut wird alles gut. Für den Karlshof gilt das in doppeltem Sinne: zum einen für die einsame Anfahrt zu diesem im grünen Niemandsland gelegenen Hof, zum anderen vor allem für den Entschluss, aus einem alten, halb verfallenen, mitten auf einem Hochplateau gelegenen Gutshof in mühevoller Kleinarbeit einen Lebens-, Kunst- und Ausstellungsort zu machen.

Der Name Karlshof geht zurück auf Carl Philipp Fürst von Wrede, der sich um 1818 ein klassizistisches Gutsherrenhaus hinstellte und seinen Warmblütern riesige Stallungen erbaute. Der fürstliche Gutshof mit Pferdehaltung und Hopfenanbau hat bis zu seiner heutigen Bestimmung einen weiten Weg zurückgelegt: Nach Verkauf und in den 30er Jahren Enteignung folgte 1950 die erneute Enteignung im Sinne der Wiedergutmachung und schließlich die Übergabe an die Stadt Ellingen. Erst vor wenigen Jahren übernahmen die heutigen Inhaber das seit 18 Jahren leer stehende Gebäude, räumten gründlich auf und beseitigten 300 Tonnen Bauschutt und zahlreiche Löcher im Dach. Das Gutsherrenhaus und die Scheune wurden liebevoll saniert und sind heute architektonische Kunstwerke.

Der besondere Reiz der Ausstellungen und kulturellen Veranstaltungen liegt hier im hohen Anspruch, der immer auch mit einem besonderen Bezug zur Region verbunden ist. Es ist diese Besonderheit, die zahlreiche Besucher aus Nürnberg und sogar München auf den Karlshof lockt. Die Scheune ist gerade genug renoviert, um der Zeitgeschichte noch ein Mitspracherecht zu geben. So kann ein Gänsehaut-Flair entstehen, wenn moderne Kunst und eine außergewöhnliche Baukultur unverhofft aufeinandertreffen. Voluminöse Skulpturen und bildhauerische Werke erwarten den Besucher im Außenbereich, der mit circa 10.000 Quadratmetern seiner vollen Entfaltung noch entgegensieht. Mut wird belohnt: Der Karlshof hat sich in kürzester Zeit zum künstlerischen Geheimtipp entwickelt.

Adresse Karlshof 1, 91792 Ellingen-Karlshof, www.kunstprojekt-karlshof.de | **Anfahrt** B2 Roth/Weißenburg, Abzweig Ellingen, in Ellingen Richtung Höttingen, dann kurz darauf Richtung Oberndorf abzweigen. Auf der Höhe zeigt ein Wegweiser zum linker Hand liegenden Karlshof. | **Öffnungszeiten** je nach Ausstellung oder kultureller Veranstaltung, Infos im Internet oder bei Sandra Weckmar, Tel. 09141/873970 | **Tipp** Lohnenswerte Abstecher führen in die Ellinger Schlossanlage und die gegenüberliegenden Gaststuben der Schlossbrauerei.

17__Die Kleinwagen-sammlung

Von Brezelkäfern und Knutschkugeln

Er könnte der Vorgänger der heutigen E-Bikes sein: der Ferbedo Stadtroller als Kleinstroller mit Fahrrad-Hilfsmotor aus den frühen Nachkriegsjahren. Auch wenn ihn heute niemand mehr fährt, sein Charme ist ungebrochen. In der privaten Kleinwagensammlung der Brüder Bittner hat er seinen Platz gefunden. Fein aufgereiht stehen die Wagen auf dem Dachboden einer alten Scheune, liebevoll dekoriert mit historischen Ausstellungsstücken. Eine Zapfsäule spendiert zum Traumpreis von 81,9 Pfennig einen Liter Super, alte Bluna-Werbung lockt, und Verkehrsschilder baumeln von den Wänden. Die in einer Scheune gefundene BMW Isetta 300 von 1960 passt gerade so zwischen Treppengeländer und Scheunenbalken, uralte Holzski schauen aus dem Beifahrerfenster, und die Staubschicht scheint mindestens so alt wie das Auto selbst. Der Stadtroller der 50er Jahre hat sogar einen Haken am Lenker, um die gefüllte Einkaufstasche sicher nach Hause zu bringen.

Fast jedes dieser Kleinmobile hatte seinen Spitznamen: ob »Knutschkugel«, die »rollende Einkaufstasche« oder der »Schneewittchensarg« – ihr Anblick weckt bei vielen wehmütige Erinnerungen.

Seit 30 Jahren haben die Brüder alles gesammelt, was in ihre Reichweite kam. Eine Besonderheit ist der VW-Brezelkäfer von 1949, der kaum gefahren im Originalzustand auf dem Dachboden steht. Andere Kleinwagen wurden in Kleinstarbeit mühevoll restauriert und mit Originalersatzteilen wieder hergerichtet. Hoffnungslos jedoch der Fall bei der Victoria Avanti von 1957: Sie steht mit totalem Rostfraß, ohne Sattel, einem einsamen Rücklicht und den Moosresten ihres letzten Liegeplatzes am Schutzblech traurig auf dem Holzboden. Ergänzt wird die Sammlung durch Werkzeugkästen, bunte Picknickkörbe und alte Lederkoffer aus der Zeit des Wirtschaftswunders.

Adresse Kleinwagen-Privatsammlung Helmut und Franz-Josef Bittner, In der Türkei 5, 91792 Ellingen-Stopfenheim, Tel. 09141/72383, mail@oldtimer.de.sr | **Anfahrt** A6 Abfahrt Gunzenhausen, B13 über Gunzenhausen Richtung Ellingen, im Ort Stopfenheim der Ausschilderung folgen | **Öffnungszeiten** nach Vereinbarung | **Tipp** Die eindrucksvolle Kirche in Stopfenheim wurde 1773 bis 1775 vom letzten bedeutenden Ellinger Deutschordensbaumeister Matthias Pinther im Auftrag des Deutschen Ordens gebaut, dessen Hauptsitz das eindrucksvolle Ellinger Schloss war.

18 Der Märzenbecherwald

Wo kleine Zwiebeln das Moorholz verzaubern

Die meisten Monate im Jahr ist die Waldgegend zwischen Ettenstatt und Kaltenbuch ein Laubwald, in dem Esche, Berg- und Spitzahorn sowie Schwarzerlen in friedlicher Nachbarschaft vor sich hin wachsen und vielen Waldtieren ein ruhiges Zuhause bieten. Ein wenig modrig und sumpfig ist es hier, da viele Quellen aus dem kalkhaltigen Boden sprudeln. Genau in dieser Kombination liegt auch das Geheimnis des moorigen Waldbodens verborgen, das sich lediglich wenige Wochen im Jahr zeigt.

Wenn nämlich im Frühjahr die Sonnenstrahlen durch das noch laubfreie Geäst den Boden erwärmt haben und die ersten grünen Triebe sprießen, kündigt sich im »Moorholz« die Blüte unzähliger Märzenbecher an. Der feuchte Boden bietet ihnen ideale Bedingungen, das abgefallene Laub ignorierend zaubern sie kurzerhand als Frühlingsgruß ein weißes Blütenmeer in den ansonsten noch farblosen Wald.

Dieser Waldteil weist den größten Märzenbecherbestand im Landkreis Weißenburg-Gunzenhausen auf. Seit 1988 steht das Gebiet aufgrund seiner Vielfalt unter Naturschutz, und speziell vorgegebene Wege sollten zum Schutz der empfindlichen Frühlingsblüher auch nicht verlassen werden.

In dieser feuchten Gegend verläuft auf der Höhe östlich von Kaltenbuch die Europäische Hauptwasserscheide. Auf der einen Seite liegt das Einzugsgebiet von Schwarzem Meer und Mittelmeer, auf der anderen das Einzugsgebiet vom Atlantik mit der Nord- und Ostsee. In der Regel verläuft die Wasserscheide recht unspektakulär. Eine Besonderheit vor allem bei Regenwetter bietet hier jedoch das kleine Dorf Geyern, das ein Dreieck mit Ettenstatt und Kaltenbuch bildet und direkt auf der Wasserscheide liegt: Im oberen Dorfteil auf der Bergener Straße steht ein denkmalgeschütztes Gebäude mit Scheune, von dessen Dach das Regenwasser einmal Richtung Nordsee, zum anderen Richtung Schwarzes Meer fließen soll.

Adresse 91796 Ettenstatt (zwischen Ellingen und Heideck) | **Anfahrt** A 9 Abfahrt Greding Richtung Thalmässing, über Alfershausen, Laibstatt und Ettenstatt, in Ettenstatt dem Wegweiser »Märzenbecherwald« bis zum Parkplatz folgen. Eine Infotafel zeigt den Eingang zum Märzenbecherwald. | **Tipp** Machen Sie eine Wanderung zur Steinernen Rinne im drei Kilometer entfernten Rohrbach.

19 Das Jüdische Museum

Öffnet mir die Tore der Gerechtigkeit

Es ist wohl das einzige vollständig erhaltene Ensemble einstigen jüdisch-religiösen Lebens auf dem Land im süddeutschen Raum. Selbst die hebräischen Schriftzeichen über der Eingangstür sind noch erhalten. Um es vor der Zerstörung zu bewahren, wurde es 1939 von der jüdischen Gemeinde an einen Privatmann verkauft. 1988 erwarb es die Gemeinde Georgensgmünd und richtete eine Museumsstätte ein. Schmuckstück ist die 1735 eingeweihte Synagoge mit Wandmalereien aus verschiedenen Epochen. Die älteste Wandverzierung ist nur teilweise freigelegt und wird auf den polnischen Wandermaler Elieser Sussmann zurückgeführt, der auch die 1938 zerstörte Scheunensynagoge in Bechhofen (siehe Seite 34) auf typisch bildreiche und polnisch-volkstümliche Art ausmalte. An die Synagoge angebaut ist das Lehrerwohnhaus, von dem aus die beiden Frauenemporen betreten werden. Die zwei Ritualbäder, von denen eines sogar beheizt werden kann, entstanden 1836 nach dem Verbot der Kellermikwen.

Als die jüdischen Kaufleute im 16. Jahrhundert aus den Städten vertrieben wurden, suchten sie im Markgrafentum Ansbach-Brandenburg Schutz. Georgensgmünd hatte damals eine günstige Lage am Knotenpunkt wichtiger Handelsstraßen, sodass von etwa 1560 bis 1938 die jüdischen Händler einen wichtigen Wirtschaftsfaktor in der Region bildeten und sich als Folge im sozialen und gesellschaftlichen Leben einbrachten. Der markgräfliche Hofbankier Jakob Jud aus Roth legte nach 1580 den großen jüdischen Friedhof an, der auch den jüdischen Gemeinden Windsbach, Thalmässing, Hilpoltstein, Roth und Schwabach als Begräbnisstätte diente. Die letzte Grablegung fand 1946 statt.

Jüdische Trauerzüge durften sich nur auf bestimmten Strecken bewegen, die noch heute im Volksmund als »Wein- und Klagestraßen« bekannt sind. Auf ihrem Weg waren die Trauernden häufig Anfeindungen aus der Bevölkerung ausgesetzt.

Adresse Am Anger 9, 91166 Georgensgmünd | **Anfahrt** B 2 Richtung Weißenburg bis Ausfahrt Spalt/Georgensgmünd, am Wasserrad im Ortszentrum über die Brücke Richtung Marktplatz fahren, die Straße zur Synagoge biegt rechts ab, den Schildern folgen. An der Straße »Judenbastei« liegt der jüdische Friedhof als Teil des Gesamtensembles. | **Öffnungszeiten** Friedhof mit Tahara-Haus tagsüber geöffnet, Synagoge und Führungen nach Anmeldung im Rathaus, Tel. 09172/7030 oder www.georgensgmuend.de | **Tipp** Nahe der Brücke steht ein Sandstein-Mädchen mit Taube auf der Hand. Ein anrührendes Kunstwerk der ortsansässigen Bildhauerin Verena Reimann.

20 Der Planetenweg
Im Zeitraffer von der Sonne bis zu Pluto

»Mein Vater erklärt mir jeden Sonntag unsere neun Planeten.« –
Seit Pluto im August 2006 laut Bestimmung der Internationalen
Astronomischen Union der Status eines Planeten aberkannt wurde,
gilt dieser schöne Merksatz nicht mehr. Nun heißt es »Mein Vater
erklärt mir jeden Sonntag unsere Nachbarplaneten«, und wer wissen
will, was damit gemeint ist, lässt sich entlang einer alten Bahntrasse
von Georgensgmünd nach Spalt im Zeitraffer durch unser Sonnen-
system führen.

Wer auf dem Lehrpfad einen Meter zurücklegt, kann vor seinem
inneren Auge ganz entspannt eine Million Kilometer Weltallstrecke
durchschweben. Und so wandert es sich recht gemütlich von der
Sonne bis zu – Pluto. Der Weg ist nämlich im Jahr 2000 entstanden,
und da wusste Pluto noch nicht, dass er kein echter Planet ist und
nur 76 Jahre nach seiner Entdeckung zum »Transneptunischen Ob-
jekt« degradiert würde. Ansonsten stimmt alles, insbesondere die
Größenverhältnisse sind absolut maßstabsgetreu umgesetzt und dadurch umso beeindruckender.

In der goldenen Sonnenkugel am Ausgangspunkt des Planetenweges spiegelt sich das Licht der echten Sonne auf vielfältige Weise
und holt sie so in scheinbar greifbare Nähe.

Wie unvorstellbar groß die Sonne sein muss, wird deutlich, wenn
Merkur als erster Planet, geschützt hinter Plexiglas, am Wegrand
auftaucht. Hier wird mit der menschlichen Vorstellungskraft ge-
spielt und der Versuch gewagt, Größe und Zeit räumlich umzusetzen. Ausführliche Texttafeln bieten zusätzliches Planetenwissen. Wer
weiß schon, dass der vielfach verklärte Morgen- oder Abendstern,
die Venus, sich »rückwärts« dreht und auf ihr die Sonne daher im
Westen auf- und im Osten untergeht? Allerdings erst nach 117 Er-
dentagen. Ganz so lang dauert der Planetenweg dann doch nicht.
Bereits nach sieben Kilometern ist man bei Pluto in Spalt angekommen.

Adresse Bahnhofstraße 4, 91166 Georgensgmünd | **Anfahrt** A6 Heilbronn Ausfahrt Roth, B2 Richtung Weißenburg bis Ausfahrt Spalt/Georgensgmünd, am Wasserrad im Ortszentrum führen Wegweiser zum Planetenweg, parken am zentralen Parkplatz an der Hauptstraße | **Tipp** Kunstfreunde führt der 2,4 Kilometer lange Skulpturenweg von Georgensgmünd nach Oberheckenhofen.

21 Das Saazer Heimatmuseum

Mit der Sehnsucht wächst die Sammlung

Angefangen hatte alles 1965 mit einigen wenigen Andenken an daheim. Daheim – das war der frühere Hopfenanbauort Saaz im heutigen Tschechien und Zentrum eines traditionellen Hopfenanbaugebietes. Nach dem Zweiten Weltkrieg fanden Vertriebene aus Saaz in den Hopfenanbaugebieten südlich von Nürnberg eine neue Heimat, unter anderem auch im Hopfenort Georgensgmünd. Die Erinnerung jedoch blieb stets gegenwärtig, und in den 60er Jahren fanden Reisen in die frühere Heimat Saaz statt.

Speziell bei der Sammlerfamilie Wurdinger zierte nach jeder Rückkehr ein neues Andenken die Einrichtung. Bald füllten immer mehr Bücher, Urkunden – die ältesten aus dem 14. Jahrhundert –, Bilder, Festschriften und was sich sonst noch finden ließ die Wohnräume der Familie. 1983 schließlich entstand aus der privaten Sammel-Sehnsucht heraus die gemeinnützige Vereinsgründung »Kulturkreis Saaz«. Nun konnte offiziell zusammengetragen werden, was zur Zielsetzung der »Beschaffung und Bewahrung deutschen Kulturgutes aus Saaz und dem Saazerland« gehörte. Als der eigene Wohnraum aus allen Nähten platzte, erfolgte der Umzug ins Rother Landratsamt. Aber auch dieser Raum wurde bald zu klein, da Freunde und Bekannte inzwischen eifrig mitsammelten. Schließlich wurde aus der kleinen Saazer Heimatstube das Saazer Heimatmuseum, das als endgültigen Standort nun das ehemalige Markgräfliche Jagdschlösslein gefunden hat.

Das wunderschöne Fachwerkhaus wurde 1666 vom Ansbacher Markgrafen Albrecht V. nahe der heutigen Brücke über die Fränkische Rezat erbaut und nach seinem Sohn Friedrich benannt. Beherbergte es von 1666 bis 1712 den markgräflichen Wildmeister und den Verwalter des nahe gelegenen markgräflichen Schmelzwerkes, so ist es heute ein Kulturdenkmal mit Traustube für Heiratswillige.

Adresse Markgräfliches Schlösslein, Bahnhofstraße 1, 91166 Georgensgmünd | **Anfahrt** B2 Richtung Weißenburg bis Ausfahrt Spalt/Georgensgmünd, am Wasserrad im Ortszentrum vorbei, nach der Kurve kommt links das Museum | **Öffnungszeiten** nach Vereinbarung im Rathaus Georgensgmünd, Bahnhofstraße 4, Tel. 09172/7030 oder www.georgensgmuend.de | **Tipp** Besonders Gunzenhausen nahe am Altmühlsee profitierte von der Baufreude der Markgrafen. Die dortige Tourismuszentrale, Rathausstraße 12, bietet dazu spezielle Führungen an (Tel. 09831/508300).

22__Die Umweltstation

Wo sich Fahrradteile in Sitzmöbel wandeln

Seit 2006 gibt es ihn, den Kulturgarten des Vereins Hämmerleinsmühle, Werkstatt für Ökologie und Sozialarbeit e. V. Er liegt etwas
versteckt inmitten hoher, ineinander verwachsener Bäume auf einem Hanggrundstück mit vielen gewundenen Wegen und hinter
Sträuchern versteckten Sitzecken. Das phantasievoll bemalte Semi-
narhaus ist bereits vom Eingang aus sichtbar, dahinter lockt ein an
Hundertwasser erinnernder hoher Weidenzaun weiter auf das Grund-
stück der Hämmerleinsmühle. Ein hoher Aussichtsturm als Beob-
achtungsplattform, in Stein gefasste Kräuterbeete als Wegführung,
Wiesenflächen und aus Holz gestaltete Sitzbereiche bieten viele
Möglichkeiten, in der Umweltstation aktiv zu werden.

Den Verein gibt es seit 1988, sein Ziel ist es, umweltbewusstes,
ökologisches, soziales Denken durch konkretes Handeln zu fördern
und zu entwickeln. Umgesetzt wird das ungewöhnliche Konzept seit
2006 im großzügigen Kulturgarten. Das ganze Jahr über gibt es ein
generationsübergreifendes Kurs- und Veranstaltungsprogramm für
Alt und Jung. Die Naturerlebnis-Geburtstage sind ein besonderes
Angebot für Kinder ab sechs Jahren.

Einmal im Jahr sind bei den internationalen Workshop-Wochen
Jugendliche aus aller Welt in Georgensgmünd zu Hause. Über kulturelle und sprachliche Grenzen hinweg arbeiten sie in der Umweltstation und im Garten ganz praktisch und handwerklich an einem
gemeinsamen Umweltthema. So sind zum Beispiel die skurrilen
Fahrradmöbel entstanden, die gleich am Eingang der Umweltstation zum Verweilen einladen.

Das Werkstattkonzept der Kulturarbeit erfährt besondere Aner-
kennung durch die Förderung des Bayerischen Umweltministeriums
sowie die Förderprogramme der Europäischen Union. Eine kleine
Auszeit-Oase im normalen Leben, in der auch die Gedanken einmal neue Wege gehen dürfen und das Leben mit allen Sinnen erfasst werden kann.

Adresse Hämmerleinsmühle, Werkstatt für Ökologie und Sozialarbeit e. V., Am Mühlbuck 4, 91166 Georgensmünd, www.haemmerleinsmuehle.de | **Anfahrt** B2 Richtung Weißenburg bis Ausfahrt Spalt/Georgensgmünd, am Wasserrad im Ortszentrum Richtung Marktplatz fahren, die Brücke überqueren und der RH 6 Hauslacher Straße folgen, gegenüber dem Friedhof abbiegen, rechter Hand liegt die Werkstatt | **Öffnungszeiten** Das Jahresprogramm mit monatlichen Kursen und Veranstaltungen ist im Internet veröffentlicht. | **Tipp** Was sich aus ausrangierten Fahrrädern noch alles machen lässt, ist am Ausgangspunkt des Planetenweges, Bahnhofstraße 4, in Georgensgmünd zu sehen.

23 Das Wasserrad der früheren Papiermühle

Als Wasserkraft Reichtum brachte

Ohne großes Aufsehen findet hier eine regionale Zusammenführung statt: Die Fränkische und die Schwäbische Rezat vereinigen sich und fließen als Rednitz weiter nach Roth. Wasser spielte in der städtischen Entwicklung stets eine wichtige Rolle, in den Auen wurden die Wiesen gewässert, und mit Wasserkraft konnten Säge- und Mahlmühlen sowie später zwei Papiermühlen betrieben werden. An der Fränkischen Rezat liegt noch das sechs Meter hohe Wasserrad einer ab 1733 betriebenen Papiermühle. Das Gebäude wurde 1861 in eine Glasschleiferei umgewandelt, um die Jahrhundertwende wurden hier polierte Holzwaren hergestellt, und ab 1900 errichtete man an der Stelle des heutigen Wasserradhäuschens das erste Elektrizitätswerk des damaligen Landkreises Schwabach.

Das imposante Wasserrad ging eigene Wege und arbeitete von 1912 bis 1966 im Bronzewerk der Familie Bechthold, die es Anfang der 80er Jahre der Gemeinde schenkte. Als geschichtsträchtiger Zeuge des frühindustriellen Zeitalters im Ortsteil Friedrichsgmünd kehrte es 1983 zurück an den Platz, an dem früher eine der zwei Papiermühlen stand, und erhielt ein neues Wasserradhäuschen. Als Dank dafür dreht es sich heute noch sechsmal in der Minute um die eigene Achse und erzeugt so immerhin etwa sieben Kilowatt pro Stunde.

Moose und Algen haben sich im verwitterten Holz festgesetzt, sammeln bei jeder Umdrehung Wassertropfen und veranstalten funkelnde Farbenspiele im Sonnenschein.

Eine neuzeitliche Sage ohne Wahrheitsgehalt wurde vom inzwischen verstorbenen Bildhauer Reinhard Fuchs 1996 mit einem Augenzwinkern kunstvoll am Bahnhofsbrunnen in Szene gesetzt. Sie zeigt die drei Brüder Georg, Friedrich und Peter, die die drei größten Ortsteile Georgensgmünds gegründet haben sollen.

Adresse Bahnhofstraße 4, 91166 Georgensgmünd | **Anfahrt** A 6 Heilbronn Ausfahrt Roth, B 2 Richtung Weißenburg bis Ausfahrt Spalt/Georgensgmünd. Parken am zentralen Parkplatz an der Hauptstraße. Wenige Meter weiter befindet sich das Wasserrad. | **Tipp** Über eine kleine Brücke über den ehemaligen Werkskanal zur Papiermühle kommt man in den Talgrund der Schwäbischen Rezat zu einem Wehr mit Blick auf die Sandsteinformation »Lorelei«.

24 Die Zinnmanufaktur

Wo der Zinnschrei die Qualität verkündet

Ein wenig unauffällig liegt die Manufaktur im Gewerbegebiet. Und mit Zinn verbinden sich eigentlich ganz andere Vorstellungen als die modernen silbern glänzenden Schalen und Teller, die hier im kleinen Ausstellungsraum aufgestellt sind. Durch große Glasscheiben abgetrennt befindet sich der Arbeitsbereich des Zinngießers. Dort, unter dem Schmelzofen, liegen wild durcheinander alte Sammelteller, -becher und -löffel. Im Becken des heißen Ofens werden sie sachte geschmolzen und liefern – je nach Qualität – neues Rohmaterial. Für den Zinngießer lässt sich leicht feststellen, wie hoch der Zinnanteil tatsächlich ist. Das ist wichtig, denn nur 100-prozentiges Zinngeschirr ist lebensmittelecht und wird in der Gastronomie verwendet.

Von »außen« selten sichtbar, gibt sich das echte Zinn durch den sogenannten Zinnschrei zu erkennen – beim Verbiegen oder durch Druck auf Zinngegenstände ertönt ein gut hörbares Knirschen. Dies entsteht, wenn die β-Zinn-Kristallite beim Biegen gegeneinanderreiben.

Seit mehr als 30 Jahren arbeitet Peter Kreiselmeyer mit Zinn, und seine Begeisterung ist ansteckend. Wer ihm zuschaut, erlebt einen schöpferischen und anspruchsvollen Handwerksprozess, bei dem jeder Handgriff sitzt und sich das Rohmaterial in einen zeitgemäß-glänzenden Gebrauchsgegenstand verwandelt. Jedes einzelne Stück wird von Hand gegossen, mit viel Geduld abgekühlt und anschließend individuell nach Kundenwunsch fertiggestellt. Beim Drehen entstehen hauchdünne Zinnspäne, die an das alte Stanniol-Lametta an den Weihnachtsbäumen erinnern.

Die Georgensgmünder Zinnmanufaktur ist übrigens die einzige im Bundesverband des Zinngießerhandwerks, die den bekannten Nürnberger Hochzeitsbecher gießt. Der zweigeteilte Becher brachte im 16. Jahrhundert zwei Brautleute glücklich zusammen und wurde so zum traditionellen Hochzeitsgeschenk.

Adresse Kreiselmeyer Zinn GmbH, Petersgmünder Straße 16, 91166 Georgensgmünd, www.zinnmanufaktur.de | **Anfahrt** B2 Richtung Weißenburg bis Ausfahrt Spalt/ Georgensgmünd. Die Manufaktur liegt im Gewerbegebiet an der RH9 zwischen Georgens- und Petersgmünd. | **Öffnungszeiten** Mo – Fr 8 – 17 Uhr und nach Vereinbarung. Wer einem Zinngießer einmal über die Schulter schauen will, kann in einer eigenen Gruppenführung mit maximal 15 Leuten den handwerklichen Entstehungsprozess mitverfolgen. | **Tipp** Eindrucksvoll: das acht Meter hohe St.-Georgs-Kunstwerk im Kreisverkehr Richtung Pleinfeld am Brombachsee.

25 Das Kuhstallcafé

Wo der Blick über den Tellerrand im Kuhstall landet

Lola liegt entspannt neben ihrer Kollegin Lolita und kaut ihr Mittagsheu wieder. Greta schlendert ein wenig die Reihen auf und ab, und Carola schrubbt sich genüsslich den Rücken an der borstigen Kratzbürste. Auf der anderen Seite des großen Freiluftstalls sind die Laufboxen der Kälber aufgereiht. Die jüngsten sind gerade mal eine Woche alt und liegen noch etwas verschlafen im Stroh. Rund 30 Milchkühe und 30 Jungtiere leben im Stall der Familie Schwarz, die vor einigen Jahren im Stockwerk darüber einen großen Gastraum mit Cafébetrieb eröffnet hat.

Tiefe Fensterfronten ziehen sich über zwei Seiten, sodass sich von hier oben tatsächlich mehr als zwei Drittel des Stalls überblicken lassen. Die Tiere stört das nicht. Und wer von den Besuchern eher etwas magenempfindlich ist und nicht unbedingt jedes Ereignis im Kuhstall miterleben möchte, der kann sich an die hinteren Tischreihen zurückziehen. Für Kinder ist es ein echtes Schauspiel. Schnell haben sie unter all den Tieren ihre Lieblingskuh entdeckt und lernen – zumindest eine Kaffee-Zeit lang – einen unverfälschten Kuhalltag kennen.

Die Idee zum Kaffeetrinken mit Blick in den Stall ist mutig und eher ungewöhnlich, bayernweit gibt es nur zwei Betriebe dieser Art. 30 Hektar Land gehören zur Landwirtschaft, das Futter wird selbst angebaut, und es bleibt noch Fläche für Getreide und Kartoffelanbau. Gemolken wird morgens und abends, die Milch geht in die Molkerei.

Der Kuchen auf der Karte wird mit regionalen Zutaten selbst gebacken. Die Frauen der Familie Schwarz sind gelernte Konditorinnen und kreieren im Jahreslauf ihre saisonalen Favoriten. Im Gastraum liegt garantiert entspannter Kaffeeduft in der Luft, und den Kühen im Stockwerk untendrunter weht ein sanfter Lufthauch um die Nase. Es ist genau diese Kombination, die diesen Ort zu einem etwas anderen Café werden lässt.

Adresse Krumme Leite 2, 91166 Georgensgmünd-Mäbenberg | **Anfahrt** B 446
Gunzenhausen/Abenberg, im Kreisverkehr Richtung Kammerstein, Neumühle,
Abenberg oder A 9 Allersberg Richtung Roth/Ansbach, St 2220 folgen über
Rothaurach, Aurau und Kleinabenberg, in Abenberg die RH39 Obersteinbach, weiter
über die RH9 Untersteinbach nach Mäbenberg | **Öffnungszeiten** So und Feiertage
13.30 – 18 Uhr, für Gruppen nach Voranmeldung, barrierefreier Zugang | **Tipp** Der
Rundwanderweg Nummer 3 durch den Abenberger Wald führt direkt am Café und
dem nahe gelegenen Druidenstein (siehe Seite 12) vorbei.

26 Die Skulpturengalerie

Afrikanische Kunst in fränkischer Scheune

Eigentlich ist Afrika gar nicht weit weg. Zumindest nicht auf dem Hof von Familie Meyer in Wernsbach. Allerdings ist das Geheimnis von Afrika in Franken schnell gelöst: Hier auf dem Gelände des Bauernhofes finden regelmäßig Workshops mit international anerkannten Bildhauern aus Zimbabwe statt.

In den Sommermonaten wird fast wie früher in den nahe gelegenen Steinbrüchen gearbeitet (siehe Seite 60). Hart klingt es in den Ohren, wenn Eisen auf Stein trifft, Staub liegt in der Luft und abgeschlagene Steinbrocken am Boden. Die Atmosphäre jedoch ist entspannt, immer wieder begleiten fröhliche Rufe und das laute Lachen der Bildhauer in Scheune und Hof die Arbeit. Teilnehmen kann jeder, der sich auf das Wagnis des Steinklopfens einlässt. Denn wie heißt es hier so schön: Jeder Rohstein hat sein eigenes Geheimnis, und jede Unregelmäßigkeit, jeder Sprung oder Farbwechsel gibt eine neue Entwicklung vor. So spricht der Stein mit dem Steinhauer, und das Resultat zeigt sich in einer ganz individuellen Ausarbeitung.

Trotz aller Prosa ist das Ergebnis harte Arbeit. Auch für die international anerkannten afrikanischen Künstler, die Teil sind einer weltweit aufsehenerregenden künstlerischen Entwicklung zeitgenössischer Steinskulpturen aus Zimbabwe, besser bekannt unter dem Begriff »Shona Kunst«. Die engen Kontakte in die Kunstszene dieses Landes sind aus den Aktivitäten eines ehemaligen Reiseveranstalters entstanden und haben sich in einer Galerie für die Skulpturen aus Zimbabwe gefestigt. Ganz großzügig könnte man nun die Freilandgalerie Wernsbach einordnen neben dem Museum of Modern Art in New York, dem Museé Rodin in Paris, dem Völkerkundemuseum in Frankfurt und noch weiteren. Denn seit den 70er Jahren haben die Kunstwerke aus Zimbabwe ihren Siegeszug durch die internationale Bildhauerwelt angetreten – und es bis nach Wernsbach geschafft.

Adresse INTO AFRICA, Wernsbach 16, 91166 Georgensgmünd-Wernsbach |
Anfahrt Die B 2 führt direkt durch Wernsbach hindurch. In Wernsbach die erste
Straße links abbiegen, dieser etwa 200 Meter folgen und am großen Ahornbaum
rechts halten. | **Öffnungszeiten** Termine für Workshops unter www.intoafrica.de,
Freilandgalerie jederzeit zugänglich | **Tipp** Richtig fränkisch-afrikanisch wird es beim
Kirchweihfest »Zimbabwe Meets Wernsbach«, wenn Kunst, Musik und gutes Essen
aufeinandertreffen.

27 Die Steinbrüche

Vom Sandsteinbruch zum Bilderbuchbiotop

Keine 100 Jahre ist es her, da wurde in den Steinbrüchen zwischen Wernsbach und Mauk ein letztes Mal kräftig Krach gemacht. Für die im Zweiten Weltkrieg zerstörten Nürnberger Kirchen und Sandsteinbauten wurde hier der beliebte rote Stein gebrochen, der so typisch ist für die Bauweise vieler fränkischer Orte und Nürnberger Häuser. Mit Einführung des billigeren Zements rechnete sich der Steinabbau nicht mehr, und die Natur hatte endlich ihre Ruhe. Fast unbemerkt entwickelten sich die aufgelassenen Steinbrüche zu einer Märchenlandschaft, in der Steinbögen, Felsabbrüche und Sandfelder eine phantastische Naturkulisse bilden. Und zwar so beeindruckend, dass es das weitläufige Gelände 2011 auf die Liste der schönsten Biotope Bayerns schaffte.

Nur wer genau hinschaut, entdeckt die Zeichen der beschwerlichen Natursteingewinnung in früherer Zeit. Die besonders festen, verwitterungsresistenten Sandsteine, die als massive Bausteine verwendet werden können, gibt es nur in wenigen Gebieten südlich von Nürnberg. Neben der Landwirtschaft verdiente sich die Bevölkerung von Mauk und Wernsbach jahrhundertelang ihr Einkommen durch Waldarbeiten und das Brechen von Sandsteinquadern. Die großen Steinquader wurden mühsam mit Pferdefuhrwerken bis nach Nürnberg transportiert. Lange hielten das sowohl die Pferde als auch die Wagen nicht durch, das Gewicht der Steine und das unwegsame Gelände kosteten Kraft und Material. Ein eigener Bahnanschluss in Georgensgmünd verkürzte den Transportweg deutlich und weckte die Vision einer Art Förderband für Steinquader vom Steinbruch bis zum Bahnhof. Die Nachfrage jedoch brach ein, die Preise verfielen, und der Steinbruchbetrieb ruhte. Wer heute in den Steinbrüchen umherwandert und sich die Steinformationen und -schichten anschaut, wird auch bei seiner Reise durch das Fränkische Seenland immer wieder den roten Sandstein entdecken, der so typisch für diese Gegend ist.

Adresse Steinbrüche Wernsbach, 91166 Georgensgmünd-Wernsbach | **Anfahrt** Die B 2 führt direkt durch Wernsbach hindurch. Auto abstellen. In Wernsbach dem Wanderweg Nummer 2 (»Steinbruchweg«) folgen, die längere Strecke (11,5 Kilometer) beginnt als Rundtour ab Georgensgmünd/Wasserrad. | **Tipp** Direkt an der B 2 am Wernsbacher Ortsrand liegt eine Freiluftgalerie, gestaltet mit Steinkunst afrikanischer Bildhauer. Sie ist jederzeit zugänglich.

28_Die Obstarche Spielberg

Mit historischer Vielfalt gegen das trübe Einerlei

Als im 17. Jahrhundert unter anderem Friedrich Wilhelm Kurfürst von Brandenburg seine bäuerlichen Untertanen einer Pflanzpflichtverordnung unterwarf, machte er damit unbeabsichtigt den kommenden Generationen ein großes Geschenk. Auch in Franken wurden auf landwirtschaftlich uninteressanten Flächen bei feierlichen Anlässen wie Hochzeiten oder Taufen Obstbäume gepflanzt. Die Vorgabe wurde zum Brauchtum, und es entstanden zahlreiche Streuobstwiesen mit enormer Sortenvielfalt.

Seit einigen Jahren ist das Interesse an den alten Bäumen wieder geweckt. Der Knäckerla/Kleiner Neuzerling, Edelborsdorfer, Madame Favre und die Sommer-Eierbirne sind nur einige der fast vergessenen Namen, die für regionale Qualität und wertvolle Vielfalt stehen.

In der rund 2,5 Hektar großen Obstarche werden seit 2007 über 100 für Franken typische, historische und fast vergessene Apfel- und Birnensorten gepflanzt, auf Schildern beschrieben und benannt. Schautafeln erklären außerdem die Geschichte der Streuobstwiesen und vor allem die Notwendigkeit der Sortenvielfalt.

Im Bereich der »Hauptsorten« stehen die früher weitverbreiteten Apfel- und Birnbäume, die jedoch nur noch selten zu finden sind. In der regionalen Abteilung sind die Sorten zu finden, die noch bekannt und lokal verbreitet sind. Daneben gibt es zahlreiche Obstsorten, die zwar gerettet, aber noch nicht zugeordnet werden konnten. Die Mithilfe von Experten ist hier erwünscht! Wer mehr als nur schauen möchte und sich für alte Obstsorten interessiert, kann nach Absprache eine Führung durch eine staatlich geprüfte Kräuterpädagogin oder erfahrene Pomologen anfragen.

Ein weiterer Obstlehrgarten mit über 2.500 Sorten befindet sich in den Landwirtschaftlichen Lehranstalten Triesdorf in Weidenbach. Hier geht es vor allem um den genetischen Erhalt, die Dokumentation und Weitergabe von alten Obstsorten.

Adresse Spielberg 1, 91728 Gnotzheim, www.obstarche.de | **Anfahrt** B 466 Richtung Oettingen bis Gnotzheim, von Gnotzheim Richtung Spielberg, am Ortseingang hinter dem Traditionsgasthaus Gentner führt ein Weg zum Informations- und Aussichtspunkt des Obstsortengartens | **Öffnungszeiten** frei zugänglich, Führungen: Gasthaus Gentner, Tel. 09826/181111 | **Tipp** Patenschaften gibt es auch für Bäume. Für wenig Geld kann man hier Pate einer alten Sorte werden. Ein Rundwanderweg von neun Kilometern führt vom Gasthaus zum Gelben Berg und über Waldwege zurück zum Ausgangspunkt.

29 Die Burg Spielberg

Ein Blick durchs Schlüsselloch ins Kunstatelier

Gewaltig sind die fünf Meter hohen Ringmauern, die scheinbar keinen Einlass erlauben. Ein vorsichtiger Blick durch das einladende Schlüsselloch zeigt jedoch einen überraschend modern gestalteten Innenhof mit kunstvollen Skulpturen. Eintritt erwünscht. Burg Spielberg ist ein markantes Wahrzeichen am nordwestlichen Rand des Hahnenkammes und gehörte bereits im 12. und 13. Jahrhundert zum Burgensystem der Grafen von Truhendingen. Eigentlich stand hier im 8. Jahrhundert nur eine Kapelle, das Schloss wurde einfach um diese herumgebaut. So wurde aus dem Glockenturm gleichzeitig ein Wehrturm, von dem dreimal am Tag die Glocken erklingen. Daran hat sich die dort wohnende Künstlerfamilie Steinacker, die die Anlage 1983 übernahm, längst gewöhnt.

Für den inzwischen verstorbenen Bildhauer und Maler Ernst Steinacker war die Burg der Ort, der seiner Künstlerseele Freiraum gab:»Lass mein Gemüt vom Hauch der Ewigkeit berührt sein, damit ich das Werk meiner Zeit richtig tue.« Zeit, Raum und Ort verschmelzen in den jahrhundertealten Steinmauern und werden damals wie heute vom Bergwind bestürmt. Sie bilden die Kulisse für unzählige Plastiken und Skulpturen, mit denen der Künstler sich auf die Suche nach dem Bild des Menschen machte. Seine Werke sind im Innern des Schlosses im Museum für zeitgenössische Kunst zu sehen oder auf der Figurenwiese unterhalb der Ringmauer. Die ehemaligen Pferdeställe sind ausgebaut zu Ateliers, und zwei Bühnen im Hof werden im Sommer für Aufführungen genutzt. Direkt zu Füßen der Burg verbergen sich in der Erde Reste eines römischen Kastells und Lagerdorfes, das seit 2005 zum UNESCO-Weltkulturerbe gehört.

Ein kleiner Pfad führt die Wiesen hinunter zu einem früheren Keltenplatz mit vier hohen Winterlinden. Für die einen ein magischer Ort, für die anderen einfach ein phantastischer Ausblick auf Hesselberg, Seenland und schwäbisch-fränkische Alb.

Adresse Spielberg 16, 91728 Gnotzheim-Spielberg, www.schlossspielberg.de |
Anfahrt B 466 Richtung Oettingen bis Gnotzheim, von Gnotzheim Richtung
Spielberg. Die Burg ist deutlich sichtbar, Parkplätze sind vorhanden. | **Öffnungszeiten**
So 14–16.30 Uhr und nach Vereinbarung unter Tel. 09833/357 | **Tipp** Einkehr im
liebevoll traditionell geführten Guts- und Gasthof Gentner, Spielberg 1, der seit jeher
als Bräuhaus und Bauhof zur Versorgung der Schlossbewohner und ihrer Besucher
zuständig war.

30 __ Der geodätische Referenzpunkt

Wo Himmel und Erde Funkkontakt aufnehmen

Wer sich an der Storchenwiese in Gunzenhausen verläuft, hat Glück gehabt. Denn genau dort steht Bayerns erster öffentlicher geodätischer Referenzpunkt. In Deutschland gab es bisher nur drei: Berlin, Rastatt und Stuttgart. Ein Referenzpunkt ist nichts anderes als der rote Markierungspunkt auf einer Übersichtskarte, der dem Wegsuchenden den eigenen Standort anzeigt.

Der in diesem Fall verwendete Markierungspunkt ist ein halbhoher Betonpfeiler, auf dem eine etwa 30 mal 30 Zentimeter große Edelstahlplatte befestigt ist. Und darauf ist die geografische Lage der Gunzenhäuser Storchenwiese eingraviert: 49 Grad 06,8897 nördliche Breite, 10 Grad 45,0334 östliche Länge; Höhe: 416,3 Meter über NN.

Wer ganz traditionell mit Wanderkarte und Kompass unterwegs ist, braucht sich hier nicht lange aufzuhalten und sollte besser den nächsten Passanten nach dem richtigen Weg fragen. Wer sich allerdings auf GPS-Geräte als Navigationshilfe verlässt, als Geocacher unterwegs oder seines Smartphones bester Freund ist, kann die Einstellung seiner Geräte an dieser Stelle auf ihre Korrektheit prüfen. Die Storchenwiese ist ein idealer Standort: eine erhöhte Stelle mit freier Sicht nach Süden, keinerlei Gebäuden in der Nähe und sehr gutem Satellitenempfang.

Bis zu zehn Satelliten können von hier erreicht werden – mindestens vier GPS-Satelliten sind erforderlich, damit das GPS-Gerät ungestört kommunizieren und die genaue Position und Uhrzeit mitteilen kann. Je mehr Satelliten, desto exakter das Ergebnis. Wer sein GPS-Gerät also entsprechend der Anweisung auf der Hinweistafel arbeiten lässt, kann dann die Abweichung mit den geografischen Angaben vergleichen. Und sich überlegen, ob eine traditionelle Wanderkarte nicht vielleicht doch zielführender ist.

Adresse Oettinger Straße, 91710 Gunzenhausen | **Anfahrt** A6 Ausfahrt Gunzenhausen, B13 bis Gunzenhausen, in Gunzenhausen vor dem Marktplatz über die Altmühlbrücke Richtung B13. Nach der Brücke steht etwa 50 Meter weiter gegenüber dem Großparkplatz die Säule mit Referenzpunkt. | **Tipp** Eine große Infotafel am Parkplatz erläutert die römische Vergangenheit der Storchenwiese.

31 Der Glockenturm

Wenn's Kunnala am Marktplatz erklingt

Wer sich am Markttag in Gunzenhausen umdreht und den Kopf suchend in alle Richtungen wendet, wenn ein altes Volkslied erklingt, ist sicherlich einer der vielen Urlaubsgäste. Die hier Wohnenden werfen höchstens noch einen Blick auf den Glockenturm vor der Sparkasse, von dem die Turmuhr in knapp zehn Meter Höhe die Zeit verkündet. Die obligatorische Rathausuhr ist nämlich in diesen modernen, frei stehenden Turm aus Metall und Glas eingebaut. Seit 1996 steht er am Marktplatz. Längst vergessen ist die heiße Diskussion während der Planungsphase, heute gehört das Bauwerk zum Stadtbild wie die Eisdiele nebenan. Und während sich die einen um die Eisvariationen scharen, versammeln sich die anderen am Turm, um auf Glockenmelodie und Tanzkarussell zu warten.

Das Glockenspiel erklingt um 9, 11, 15 und 17 Uhr. Die Musik für den Tanz erspielen 34 Glocken, die vollelektronisch gesteuert werden. Über 80 Melodien sorgen für Abwechslung. Je nach Anlass ertönen Wanderlieder, fränkische Tanzweisen, Weihnachts- oder Frühlingslieder, alte Kinderlieder und – bei offiziellen Anlässen – auch international bekannte Melodien. Auf fünf Ebenen sind die Bronzeglocken der Größe nach angeordnet, die kleinsten sind weit oben wie auf einer Wäscheleine aufgereiht. Wer den Kopf in den Nacken legt und ganz genau hinschaut, kann auf einzelnen Glocken eines der insgesamt 19 eingravierten Wappen von umliegenden Städten und Orten erkennen. Zusammen mit den Glockenklängen erscheint ein Figurenkarussell hinter der sich langsam zur Seite schiebenden Lamellenverglasung. Vier Tanzpaare in fränkischer Tracht sind zu erkennen, die sich unbeirrt auf dem schwebenden Tanzboden hoch über dem Markttreiben drehen und einen Hauch Folklore verbreiten. Wenn der letzte Ton erklingt und die Tanzenden verschwunden sind, gilt die ganze (begehrliche) Aufmerksamkeit wieder der Auswahl in der Eisdiele nebenan.

Adresse Glockenturm am Marktplatz vor der Sparkasse, 91710 Gunzenhausen |
Anfahrt A6 Ausfahrt Gunzenhausen, B13 bis Gunzenhausen. Parkplätze und Wege
zum Stadtzentrum sind ausgeschildert. | **Öffnungszeiten** Spielzeiten: täglich 9, 11,
15, 17 Uhr und von April–Sept. zusätzlich 13 Uhr | **Tipp** Donnerstags von
8 bis 12 Uhr ist Markttag in Gunzenhausen mit vielen regionalen Anbietern.

32_Der Limes im Burgstallwald

Die rätselhaften Türme an der Teufelsmauer

Teufelsmauer nannte man sie im Mittelalter: Zahlreiche Sagen erzählen von tragischen Ereignissen entlang der Steinmauer, der im Volksmund eine höllische Herkunft nachgesagt wurde. Ab etwa 1760 wurde man pragmatischer, die Steine der scheinbar sinnlosen Mauer wurden abgetragen und als Baumaterial verwendet. Vom Limes, dem beeindruckenden Grenzwall der Römer, blieb nicht viel übrig. Seit 2005 gelten seine Überreste als UNESCO-Welterbe. Gunzenhausen ist die einzige Stadt in Bayern, die direkt vom Limes durchquert wird.

Im Burgstallwald finden sich Reste von vier Limestürmen, die nicht nur außergewöhnlich nah beieinanderliegen, sondern in ihrer Architektur auch vollkommen verschieden sind. Auf dem etwa vier Kilometer langen Burgstall-Limesrundweg erläutern Infotafeln, was Limesforscher aus den Spuren der römischen Vergangenheit herausgelesen haben.

Die Grundmauern des ersten Wachturmes liegen am Bismarck-Denkmal – das übrigens unter anderem auch mit Limessteinen erbaut wurde. Die Überreste des zweiten Turmes befinden sich nur 145 Meter davon entfernt und wurden nachträglich in die Limesmauer eingefügt. Das Bodendenkmal des dritten Turmes oberhalb von Frickenfelden weist eine Breite von neun Metern auf. Zwischen den Türmen liegt auf dem sogenannten Hinteren Schloßbuck ein Kleinkastell mit einer Größe von 20 mal 30 Metern, in seinem Innern ein Gedenkstein mit der Inschrift »Castrum Romanum«. Es wurde erst Anfang des 3. Jahrhunderts, wahrscheinlich in der Amtszeit Kaiser Caracallas, gebaut. Der vierte Turm stand am nördlichsten Punkt des Raetischen Limes nahe dem Kleinkastell. Ungewöhnlich sind hier die Reste sowohl eines Holzturmes als auch eines ihm nachfolgenden Steinturmes.

Adresse Trimm-dich-Pfad Krackerstraße, 91710 Gunzenhausen | **Anfahrt** A 6 Ausfahrt Gunzenhausen, B 13 bis Gunzenhausen, dort Richtung »Waldbad am Limes«, am Ende der Krackerstraße dem Trimm-dich-Pfad zum Burgstallwald hinauf folgen zum Bismarckdenkmal | **Tipp** Das Museum für Vor- und Frühgeschichte in Gunzenhausen, Brunnenstraße 1, veranschaulicht die frühe Besiedelung der Region und unterhält eine eigene Abteilung zu den Römern am Limes.

33__Die römische Keramik
Schwarzer Wein und Dellenbecher

Im Erdreich unter Gunzenhausen befindet sich ein Welterbe der UNESCO: Der römische Limes wurde hier an der strategisch günstigen Lage an der Altmühlfurt als Grenzwall erbaut und verteidigt. Zu sehen ist davon nicht mehr viel. Doch gibt es einen Ort, an dem die Vergangenheit einen Weg in die Gegenwart gefunden hat: Versteckt hinter Efeuranken und wildem Wein liegt die Töpferei und Keramikwerkstatt am Färberturm. Manchmal findet sich ein prächtiger Römerhelm im Schaufenster, ansonsten verraten kleine Hinweisschilder, dass der Töpfermeister gleichzeitig bayerischer Limesführer ist und beide Berufungen im Kunsthandwerk zusammengeführt hat.

Er fertigt Waren, die typische und einmalige Züge der Keramiken des Raetischen Limes zeigen. So der raetische Dellenbecher, ein markantes Trinkgefäß mit Einbuchtung unter dem Henkel. Passend dazu steht ein Weinkrug im Regal, natürlich auch mit Delle unter dem Henkel. Die Bemalung der raetischen Keramiken entspricht Fundstücken von Töpferwaren, wie sie in der römischen Sammlung im Museum für Ur- und Frühgeschichte auf der Willibaldsburg in Eichstätt zu sehen sind. Und da in römische Krüge auch römischer Wein gehört, hat sich der Töpfermeister und Römerfan auf die Suche nach dem begehrten »Vinum nigrum« begeben. Im Südwesten Frankreichs ist er fündig geworden. Dort liegt das älteste und letzte Anbaugebiet der Schwarzen Weine mit ihrer tiefdunklen Farbe, der Anbau entspricht den Vorgaben aus der Römerzeit. Die lange Lagerfähigkeit erlaubte es schon vor 2.000 Jahren, den Wein in die raetische Außenstelle an die Altmühl zu exportieren. Der Geschmack ist überaus diskussionswürdig und mit einem heutigen Weinbouquet nicht zu vergleichen.

Wer noch mehr Römerleben erleben will, sollte im LIMESEUM in Ruffenhofen (siehe Seite 228) vorbeischauen und sich dort von der fiktiven Gestalt des Reitersoldaten »December« durch das Kastell führen lassen.

Adresse Töpferei und Kunsthandwerk am Färberturm, Kirchenstraße 4, 91710 Gunzenhausen, Tel. 09831/80907 | **Anfahrt** A6 Ausfahrt Gunzenhausen, B13 bis Gunzenhausen. Vom Marktplatz Richtung Färberturm liegt in einer Seitenstraße die Töpferei. | **Öffnungszeiten** Mo, Di, Do, Fr 10–17.30 Uhr, Mi 15.30–17.45 Uhr, Sa 10–12.30 Uhr | **Tipp** Dienstags, donnerstags, sonn- und feiertags kann der Färberturm in Gunzenhausen zwischen 10 und 18 Uhr erklommen werden.

34__Das unterirdische Hilfskrankenhaus

Schutz (?) im atomaren Kriegsfall

Während des sogenannten Kalten Krieges von 1947 bis in die 1980er Jahre hinein wurden deutschlandweit rund 220 voll geschützte Hilfskrankenhäuser (HKH) gebaut. Als Pilotprojekt entstand Anfang der 1960er Jahre das Gunzenhäuser HKH. Die Bunkerräume sollten sicher gegen CBRN-Waffen (chemisch, biologisch, radiologisch und nuklear) und außenluftunabhängig sein.

Im Kriegsfall sollten die HKH helfen, die medizinische Versorgung der Bevölkerung zu gewährleisten. Für Gunzenhausen hätte das bedeutet, in der Bunkeranlage 450 Verletzte auf 4.000 Quadratmetern unterzubringen und medizinisch zu versorgen. Mit Personal hätten sich also 600 Menschen dort aufgehalten und im Extremfall 14 Tage bei geschlossenen Türen auf Entwarnung gewartet. Die Anlage existiert heute noch, versteckt unter einem Schulhof und voll ausgestattet. Lediglich das Röntgengerät wurde abgegeben und leistet in Kuba gute Dienste. In den Krankenzimmern stehen Stockbetten für jeweils 30 Patienten, lediglich für frisch Operierte und Intensivpatienten waren Einzelbetten vorgesehen. In den Operationssälen könnte die nächste OP gleich losgehen, alles steht bereit, das Operationsbesteck muss nur noch ausgepackt werden. Einen Ernstfall mag man sich trotzdem nicht vorstellen.

In den 80er Jahren wurden die Hilfskrankenhäuser stillgelegt und der Bestand aufgelöst. Dass Gunzenhausen die volle Ausrüstung behalten hat, ist dem damaligen Katastrophenbeauftragten zu verdanken: besser ein voll eingerichtetes Hilfskrankenhaus für den Zivilschutz als im Notfall nur leere Räume.

Und tatsächlich konnten zumindest die Schlafräume später sinnvoll genutzt werden. 1989 boten sie rund 350 DDR-Flüchtlingen eine erste Unterkunft, 1990 kamen dort rumänische Aussiedler für einige Tage unter.

Adresse Berufsschule, Hofeingang Schulzentrum, Bismarckstraße 24, 91710 Gunzen-
hausen | **Anfahrt** A 6 Ausfahrt Gunzenhausen, B 13 bis Gunzenhausen. Das Schulzen-
trum liegt im Stadtgebiet zwischen Bahnhof, Freizeitbad Juramare und der Hensolt-
höhe | **Öffnungszeiten** Anmeldungen über die Volkshochschule Gunzenhausen,
Dr.-Martin-Luther-Platz 4, Tel. 09831/80666 (warm anziehen!) | **Tipp** Im Stadtmuse-
um Gunzenhausen, Rathausstraße 12, erinnert das wertvolle Tora-Schild der Familie
Dottenheimer an die jüdische Vergangenheit der Stadt. Als Zeichen der Versöhnung
wurde es von den Kindern des einzigen Familienüberlebenden zur Verfügung gestellt
(Tel. 09831/508306).

35 Der Erlebnisspielplatz

Spaß und Bewegung für Groß und Klein

Dieses Spielgelände ist ein Erlebnis. Inspiriert wurde die Gestaltung des 1,2 Hektar großen Erlebnisspielplatzes durch den römischen Limes, der nicht weit von hier bei Gunzenhausen vorbeiführt. Der ganze Spielkomplex steht daher unter dem Motto »Römer und Alemannen«, und so erklären sich auch die einzelnen Themenbereiche, in die das gesamte Areal unterteilt ist. Farben helfen bei der Orientierung: Rot steht für römisch, Grün für alemannisch.

Die Zeitreise beginnt an der Ausgrabungsstätte, an der sich herrlich mit Sand und Wasser gewaltige Matschburgen bauen lassen. Der Wasserlauf der »Walder Altmühl« ist hier ganz flach mit Sandübergängen eingefasst, Trittsteine queren den Bachlauf, und eine knietiefe Stelle lädt zum gesunden Kneipp-Rundgang ein. Wer trockenen Fußes auf die andere Seite will, nutzt den mit dicken Tauen geknoteten Alemannen-Kletterpfad und erstürmt das verteidigungsbereite Römerdorf. Im höchsten Wachturm ist die zehn Meter hohe Spiralrutsche untergebracht. Hier ist neben Körpereinsatz und geschicktem Klettern auch eine gehörige Portion Mut notwendig, um mit Schwung in der dunklen Röhre zu verschwinden und die zehn Meter abwärtszusausen. In kindgerechten Holzhäusern findet das einfache Dorfleben statt, mit Phantasie erwacht der grasende Holzesel zum Leben, und die Pferdchen vor der Holzkutsche warten brav auf ihre Fuhrleute.

Wenn beim Zuschauen dann das Kind im Erwachsenen erwacht, gibt es einen extra Bereich mit Fitnessgeräten, Klangspielen und Balancierstangen für große Menschen. Hier können die Stationen wunderbar generationsübergreifend miteinander erkundet werden, und flotte Großeltern werden zum begeisterten Partner ihrer staunenden Enkel. Beim Baumtelefon werden Geheimbotschaften getauscht, Treffpunkte sind die Bänke in den überall verteilten Ruhezonen. Wer Glück hat, erwischt im »Wolkenkino« eine freie Hängematte zum Träumen.

Adresse Seezentrum Wald, 91710 Gunzenhausen-Wald, www.altmuehlsee.de/index.php/erlebnisspielplatz | **Anfahrt** B 466 Richtung Oettingen, St 2222, rechts abbiegen Richtung Wald, Parkplatz am Seezentrum Gunzenhausen-Wald, zu Fuß Richtung Pavillon-Gelände hinter dem Campingplatz | **Tipp** Familienspaß beim Tretbootfahren: Die Verleihstation liegt zwischen Segelhafen und Badestrand.

36 Die Markgrafenkirche

Ein Zuhause für die markgräfliche Zweitfamilie

Hier, in dem kleinen Ort am Altmühlsee, wird aus der geheimen Liebesgeschichte im Mönchswald zwischen Elisabeth und dem »Wilden Markgrafen« (siehe Seite 118) ein offizielles Bekenntnis. Der Falke als Symbol für die Jagdleidenschaft des Grafen hat in Wald deutliche architektonische Spuren hinterlassen und führt über das kleine Markgrafenschloss und einen Brunnen mit steinernem Falken hin zur versteckt liegenden Markgrafenkirche. Hofbaumeister Karl Friedrich von Zocha (geboren 1683 in Gunzenhausen, 1749 in Ansbach verstorben) errichtete zwischen 1722 und 1724 das heutige Gotteshaus auf den alten Turmfundamenten des Vorgängerbaus. Bereits in der damaligen Zeit verblüffte das Gebäude in seiner klaren Einfachheit. Auf Dekorationen wurde fast ganz verzichtet, der damalige Markgrafen-Baustil legte seinen Schwerpunkt auf eine feine Linienführung und harmonische Proportionen. Eindrucksvoll ist die Westfassade mit dem Eingangsbereich. Geschwungene Steintreppen an beiden Seiten führen hinauf zur westlichen Empore. In der Kirche selbst gibt es eine Herrschaftsloge, sie ist gekennzeichnet mit dem Falken-Wappen der Familie von Falkenhausen.

Der Obristbaumeister Karl Friedrich von Zocha wohnte im nahen Schloss Wald, das er 1732 erbaute. Als er 1749 starb und mit ihm das Geschlecht der von Zocha endete, sah der »Wilde Markgraf« Karl Wilhelm Friedrich von Brandenburg-Ansbach endlich die Chance gekommen, seiner inoffiziellen Zweitfamilie ein angemessenes Zuhause zu bieten. Immerhin hatte er inzwischen mit Elisabeth Wünsch vier Kinder bekommen. Sohn Friedrich Ferdinand Ludwig Freiherr von Falkenhausen erhielt einen Adelstitel und 1749 als Stammsitz das nahe der Kirche gelegene Schloss Wald. Auf dem Walder Friedhof tragen viele Grabsteine den Namen von Falkenhausen, bis heute leben im Schloss die Nachkommen des Geschlechts.

Adresse Markgrafenkirche St. Martin und Ägidius, Wald 7, 91710 Gunzenhausen-Wald | **Anfahrt** B 13 bis Muhr, an der Ampel Richtung Streudorf abbiegen, in Streudorf Richtung Gunzenhausen/Wald, in Wald links Richtung Altmühlsee abbiegen, nach dem Jagd-falken-Brunnen rechter Hand links zur Kirche abbiegen | **Öffnungszeiten** Die Kirche ist tagsüber geöffnet, das Schloss (Wald 1a) ist in Privatbesitz und nur von außen zu besichtigen. | **Tipp** Wer den Spuren des Markgrafen folgen will, kann dies bei einer speziellen Themenführung in Gunzenhausen eindrucksvoll erleben (Touristeninformation Gunzenhausen, Rathausstraße 12, Tel. 09831/508300).

37__Die Schafherden
Vierbeinige Mäh-Maschinen für die Magerwiesen

Idylle pur: Der Wind trägt ein in allen Tonlagen klingendes Mäh-Mäh über die weite Wiesenlandschaft, auf der Hügelkuppe erscheinen die ersten Köpfe, und schon schiebt sich die ganze Schafherde auf breiter Front heran. Seitwärts laufen wachsame Hunde, und schließlich ist auch der am Hütestab deutlich erkennbare Schäfer zu sehen. Die blökenden Vierbeiner sind wichtiger Bestandteil der fränkischen Kulturlandschaft. Wo Schafe weiden, wachsen auf den offenen Grashängen Wacholder, Thymian, Enzian oder Silberdistel. Der Trockenrasen bleibt dadurch auch Lebensgrundlage für eine Vielzahl von Insekten und Schmetterlingen. Einige wenige Ziegen helfen bei der Arbeit. Sie fressen Gehölze und härtere Gewächse als ihre wolligen Kollegen und sorgen so für baumfreie Wiesen. Die vielen kleinen Hufe lockern ganz nebenbei den Boden und machen Platz für Samen und Pflanzen, die in dieser Vielfalt sonst nicht wachsen würden.

Extensive Schafhaltung hat die hügelige Landschaft mit ihren Magerrasen geformt und geprägt. Für ihren Erhalt werden seit 2000 die hauptberuflichen Hüteschäfer vom Deutschen Verband für Landschaftspflege (DVL) e. V. und dem Landesverband Bayerischer Schafhalter e. V. unterstützt. Gibt es keine Schafe, wachsen die freien Flächen zu, und die charakteristische Landschaftsform verschwindet. Die Idylle der frei weidenden Schafherden ist also in erster Linie wichtiger Naturschutz zum Erhalt einer einmaligen Kulturlandschaft.

Die Schafhaltung ist harte Arbeit, vom Wollverkauf kann niemand leben. Auch nicht vom liebevollen Blick auf die Tiere, daher steht Lammfleisch inzwischen bei vielen Gastronomen als regionale Spezialität auf der Speisekarte: »Hesselberger Lamm«, »Altmühltaler Lamm« oder »Frankenhöhe Lamm«. Wer seinem Leben noch einmal eine andere Richtung geben will, kann sich in den Landwirtschaftlichen Lehranstalten Triesdorf zum Schäfer ausbilden lassen.

Adresse ohne festes Sommerquartier, anzutreffen am Hesselberg, bei Heidenheim im Hahnenkamm und auf den Hängen des Gelben Berges | **Tipp** Wer mehr über Besonderheiten von Land und Menschen erfahren will, findet speziell ausgebildete Ansprechpartner unter www.ländliche-gästeführer-franken.de. Unter www.frankenhoehelamm.de oder www.hesselberglamm.de sind Adressen von Gasthäusern mit regionalem Angebot zu finden, wie der Brauerei Gasthof Rötter in 91726 Gerolfingen.

38__Der Uhlberg
Ein Lieblings-Gruselort für Geisterjäger

Eigentlich ist es ganz einfach. Mit 604,7 Metern Höhe darf sich eine bewaldete Erhebung »Berg« nennen. – Der Uhlberg im südlichen Hahnenkamm westlich von Treuchtlingen ist genau das. Sein Name ist ein anderer Begriff für Eule, und vermutlich lieben Eulen genau solche abgeschiedenen Waldgebiete. Was den Uhlberg aber von anderen Bergen unterscheidet, ist die Ruine der St.-Ulrichs-Kapelle nahe des Gipfels. Sie liegt so einsam und abgelegen von Wanderwegen und Ortschaften, dass man sich eigentlich eher zufällig hierher verirrt. Und durch diese Kombination aus Eulen, Abgeschiedenheit, Wald und Kirchenruine sind im Laufe der Jahrhunderte wilde Geschichten und abenteuerliche Legenden entstanden, die den Uhlberg zu einem äußerst beliebten Gruselort für Mystiker haben werden lassen. Höchsten Gruselfaktor verspricht ein Besuch um Mitternacht bei Vollmond. Dann spukt die Weiße Dame (seltsame Erscheinungen sind angeblich im Nachhinein auf Fotos zu entdecken), Vögel verstummen, und ein kalter Windhauch streift unerwartet vorbei.

Tatsächlich hörte man bereits Ende des 19. Jahrhunderts endgültig auf, etwas für den Erhalt der im 15. Jahrhundert erbauten Kapelle zu tun. Vom Deutschen Orden erbaut, besaß das kleine Gotteshaus eine Länge von 26 Metern und eine Breite von zehn Metern und war als Dank für einen Bildstock errichtet worden, der an dieser Stelle Wunder vollbracht haben soll.

Materialistischer wird es im Dreißigjährigen Krieg: Damals wurde angeblich bei der Kapelle ein wertvoller Schatz vergraben, der noch heute selbst ernannte Schatzsucher beschäftigt. Die Weiße Dame soll schon seit Jahrhunderten durch die Mauerreste schweben und diesen Schatz bewachen.

Eigentlich ist der Uhlberg nur ein Berg in einem wunderschönen Waldgebiet im idyllischen Hahnenkamm. Ein Bild von der Kapelle gibt es hier leider nicht, der Weg dorthin ist zu gruselig …

Adresse im südlichen Hahnenkamm | **Anfahrt** B 13 Richtung Gunzenhausen, Treuchtlingen, St 2216 Richtung Auernheim/Hechlingen, über die St 2216 zum Weiler Hagenhof. Hinter Hagenhof links abbiegen zum Wanderparkplatz. Dem Schild »Rundwanderweg« folgen und tendenziell links halten. Die Kapelle liegt sehr versteckt. | **Tipp** Der Kapellenweg Nummer 2 ist als Wanderweg mit einer Länge von 18 Kilometern angelegt. Er führt von Treuchtlingen aus auf den Uhlberg hinauf und direkt an der Kapelle vorbei.

39_Die Burgberge Heidecks

Zwei Burgen für die Herren von Heideck

Eine Burg ist nicht immer für die Ewigkeit gedacht. Zumindest scheinen die Herren von Heideck dieser Ansicht gewesen zu sein, denn sie wechselten innerhalb von nur knapp 100 Jahren ihren Burgenstandort. Der erste war in Altenheideck, die dort erbaute Burg wurde 1192 erstmals geschichtlich erwähnt. Wer in Altenheideck der Straße am Waldrand Richtung Westen und hinter dem großen Wegekreuz dem aufsteigenden Waldweg folgt, kommt kurz darauf zum Felsplateau des Burgstalls. Eine Stahltreppe führt hinauf zu einer Aussichtsplattform, auf der man mit einiger Phantasie als Burgherr lustwandeln kann. Dann lässt sich bald nachempfinden, dass den Herren von Heideck dieser Platz zu schattig und abgelegen vorkam. Vor allem das eingeengte Blickfeld und der dichte Wald im Rücken stärkten nicht gerade das Sicherheitsgefühl der Burgbewohner.

Die nächsten Generationen bauten daher auf dem Schlossberg die 1278 erstmals erwähnte neue Burg Heideck. Der Schlossberg liegt etwa vier Kilometer südlich von Altenheideck. Auf seinem unbewaldeten Plateau, in einer Höhe von 607 Metern, war die neue Burg nun schon von Weitem von Freund und Feind deutlich zu erkennen – umgekehrt genauso. Ein Stück der Mauer ist auf dem Weg nach oben erhalten geblieben und lässt erahnen, wie weit sich der Burgstall ausdehnte. Auf dem Gipfel steht eine Panoramatafel, mit deren Hilfe sich die Umgebung erschließen lässt. Heute ist der Schlossberg dominiert von der schlanken neuromanischen Kirche St. Georg. Leicht lässt sich vorstellen, um wie viel mächtiger die neue Burg der Heidecker weit in die Ebene hinein gewirkt haben muss.

Haus für Haus entstand danach die Stadt Heideck und mit ihr die heute noch erhaltene Familienkirche der Herren von Heideck. In der Frauenkirche (siehe Seite 88) erinnern zwei Epitaphe an die Heidecker Adelsleute. Zumindest hier wurde der Ewigkeit gedacht.

Adresse 91180 Heideck, Burgstall bei Altenheideck und Schlossberg bei Heideck, südöstlich der Luftlinie zwischen Brombach- und Rothsee. | **Anfahrt** A9 Abfahrt Hilpoltstein, in Hilpoltstein Richtung Heideck. Altenheideck: Von Heideck Richtung Altenheideck fahren, im Ort der Straße am Waldrand entlang Richtung Westen folgen, nahe eines großen Wegekreuzes den schmalen Weg den Berg hinauf. Zum Schlossberg: Von Heideck aus Richtung Schlossberg, den Berg Richtung Kirche hinauffahren, kurz vor der Kirche führt ein schmaler Naturweg hoch. | **Tipp** Der Heidecker Burgenwanderweg von circa 14 Kilometern führt durch wunderschöne Landschaften von Heideck nach Altenheideck und weiter zum Schlossberg. Startpunkt ist der Festplatz in Heideck.

40__Die Frauenkapelle

Wo der Hund begraben liegt

Es lohnt sich, vom Marktplatz aus der kleinen Seitenstraße hoch zum nordwestlichen Altstadtrand zu folgen. Nur wenige Schritte führen in das Heideck einer anderen Zeit. Wunderschön renovierte Fachwerkhäuser aus dem Mittelalter mit kunstvoll-farbigen Fassaden umrahmen den schlichten Sandsteinbau der Frauenkapelle in seiner lebendigen Ursprünglichkeit. 1419 hatte sie Ritter Friedrichs II. von Heideck als Grablege für seine Dynastie erbauen und mit einer noch heute fast vollständig erhaltenen Freskenbemalung ausgestalten lassen. Bei Renovierungen der Kirche im Jahr 2005 kam dann ans Tageslicht, was auf dem Epitaph Friedrichs II. angedeutet war: Der Ritter war tatsächlich mit seinem Hund begraben worden. Nicht nur die Körpergröße des Ritters verblüffte, auch der Hund zu seinen Füßen war wesentlich größer als auf der Abbildung der Grablege. Dadurch erklärte sich die außergewöhnliche Grabgröße von fast 90 Zentimetern Breite und einer Länge von mehr als zwei Metern. Höchst ungewöhnlich für die Zeit des 15. Jahrhunderts.

Noch sehr viel ungewöhnlicher ist dagegen das Tierchen, das es sich im Fachwerk des Hauses »Nummer 1« neben der Kirche gemütlich gemacht hat. Das »Hackerles Haus« gehört zu den ältesten Häusern Heidecks und wurde 1421 als Benefiziatenhaus (Kaplanshaus) neben der Kirche erbaut. Da der heutige Eigentümer selbst Restaurator ist, ist das liebevoll sanierte Haus ein echter Chronist vergangener Epochen und Zeuge alter und neuer Baukunst. Ob das Pfeife rauchende Äffchen mit dem verwuschelten Fell wohl auf den Eigentümer anspielt? Jedenfalls weist der Wanderstab auf eine gewisse Umtriebigkeit hin, und die Fahne des 1. FCN (Fußball-Club Nürnberg) trägt auch nicht jedermann auf der Schulter. Egal. Wunderschön ist die Straße mit ihren bunten Fachwerkhäusern allemal, und die klare Atmosphäre im freskenbemalten Sandsteingewölbe der Frauenkapelle lohnt den Weg auf jeden Fall.

Adresse »An der Kapell«, 91180 Heideck, www.heideck.de | **Anfahrt** A9 Abfahrt Hilpoltstein, in Hilpoltstein Richtung Heideck, das Auto auf dem Marktplatz abstellen, die schmalen Straßen bergauf führen zur Kapelle | **Tipp** Einstieg im Ortsteil Seiboldsmühle auf den Gredl-Rad- und Wanderweg (30 Kilometer) von Hilpoltstein über Heideck nach Thalmässing bis Greding. Ideal für Radler, Skater oder zu Fuß.

41 Der Erlebnispfad
Von Windstärken und Baum-Botschaften

Während an den Badeseen oftmals nur ein sanfter Windhauch vorbeizieht, weht auf den vielen Anhöhen und Hügeln im Hahnenkamm häufig ein stärkerer Wind. Wer genau wissen will, mit welcher Kraft der ihm gerade um die Ohren bläst, findet die Antwort an einer Station auf dem Hahnenkamm-Erlebnispfad. Bereits einige hundert Meter nach dem Eingangspavillon wartet ein eigenes Windmessgerät direkt neben einem Windkraftwerk. Eine Ableseskala zeigt die aktuelle Geschwindigkeit an, die damit verbundene Windstärke lässt sich von der danebenliegenden Beaufort-Tabelle ableiten. Denn Wind ist nicht gleich Wind. Deswegen wird auf den Infotafeln auch gleich mal die Brücke geschlagen zu alternativen Energien, wie den in der Region häufig zu sehenden Windrädern.

Natur und Umwelt sind die zentralen Themen auf dem etwa vier Kilometer langen, interaktiven Naturlehrpfad. 13 phantasievoll gestaltete Stationen wecken die kindliche Neugier und verleiten dazu, die Welt einmal mit anderen Augen zu betrachten. Und wer in der »Verkehrten Welt« durch den Spiegel hoch in die Baumwipfel schaut, wird nach einigem Suchen auch die geheime Botschaft der Bäume lesen können. Ob am Feldrand, an Waldweg oder an Wiesenrändern entlang, immer gibt es etwas zu entdecken oder zu beobachten. Ratsam ist es, ein Fernglas griffbereit im Rucksack zu haben, um am Heckenposten auf Vogelbeobachtung gehen zu können oder beim Schau-ins-Land den richtigen Weitblick zu haben.

Ein großer offener Pavillon informiert gleich zu Beginn des Erlebnispfades über die Wegführung und Gestaltung der einzelnen Stationen. Besonders praktisch ist die Übersicht für Eltern, um gleich mal eine geeignete Raststelle einzuplanen für den circa zwei Stunden dauernden Rundgang. Der Erlebnispfad ist eine wunderbare Entdeckertour für Familien und führt über unbefestigte Feld- und Waldwege – der Wind wird dabei schnell zur Nebensache.

Adresse Pavillon am Landschulheim, 91719 Heidenheim | **Anfahrt** B466 Richtung Oettingen – über Heidenheim, in Heidenheim der Ausschilderung Schullandheim folgen, etwa 3 Kilometer südöstlich an der Straße nach Degersheim wird der Pavillon als Ausgangspunkt sichtbar | **Tipp** In Heidenheim ist das Heimat- und Hafnermuseum, Ringstraße 8a, untergebracht. Geöffnet ist von April bis September, jeden letzten Sonntag im Monat von 14 bis 17 Uhr (Tel. 09833/1390).

42__Das Kloster Heidenheim

Als Walburga im Kloster die Frauenquote einführte

Heidenheim ist eines der Urklöster Bayerns. Es wurde durch die beiden angelsächsischen Geschwister Wunibald und vor allem seine Schwester Walburga geprägt, die im 8. Jahrhundert hier auf dem Hahnenkamm die damalige Bevölkerung christianisierten. Wunibald gründete das Kloster als Missionszentrum im Jahre 752 mit Hilfe seines älteren Bruders Willibald, dem ersten Bischof von Eichstätt. Wunibald starb 761 (von seinem Wirken ist nicht viel überliefert). Das war die Chance für seine Schwester Walburga, die die nächsten 30 Jahre höchst erfolgreich das Klosterleben organisierte. Sie nahm sich die südenglischen Klosterstrukturen zum Vorbild und errichtete in Heidenheim ein sogenanntes Doppelhaus. Hier lebten Mönche und Nonnen gemeinsam – allerdings räumlich getrennt – unter einem Dach. Walburga führte das Doppelkloster sehr aktiv und allen männlichen Machtansprüchen gegenüber mit starker Hand. Es ihr nachzumachen traute sich jedoch kaum jemand auf dem gesamten Kontinent. Lange Zeit war Heidenheim das erste und einzige Doppelkloster, noch dazu mit einer Frau als Vorsteherin. Nach ihrem Tod wurde es vom Eichstätter Bischof dann auch zügig in ein Männerkloster umgewandelt.

Walburga gestaltete ihr religiöses Leben nach dem Vorbild ihrer englischen Ordensschwestern. Für ihre gemischte Gemeinschaft kümmerte sie sich um Seelsorge und Bildung, das tägliche Essen, Kleidung und Krankenpflege, organisierte den Missionsbetrieb und pflegte aktiv die Kontakte zu kirchlichen und weltlichen Machtinstanzen. Nach ihrem Tod übernahmen Säkularkanoniker das Kloster. Um 1200 folgte eine große benediktinische Reformwelle. Deren letzter Abt trat 1528 zurück, um seine Geliebte zu heiraten.

Alldem haben die schlichten Mauern des romanischen Münsters standgehalten, dazugekommen ist ein prächtiger spätgotischer Kreuzgang. Es bleibt spannend, wie sich die Zukunft des Klosters entwickelt.

Adresse Ringstraße 1, 91719 Heidenheim, www.kloster-heidenheim.eu | **Anfahrt**
B 466 Richtung Oettingen, über Heidenheim. Das Kloster liegt direkt an der Haupt-
straße. | **Öffnungszeiten** täglich 8 – 18 Uhr, Führungen entsprechend Termin- und
Themenwunsch | **Tipp** Hinter dem Münster sprudelt die sehr ergiebige sogenannte
»Heidenquelle«.

43_Die Blutrinne

Alte Opferriten und heutiges Motorengedröhn

Ein wenig wirkt es im Hahnenkamm, als sei die Zeit stillgestanden. Unverändert gestalten sanfte Berghügel seit Jahrhunderten die Landschaft und bieten auf ihren Hochplateaus überraschende Fernsichten über kleine Ortschaften und weite Wiesenflächen. Man möchte den dunklen Waldwegen folgen und über steinige Feldwege die nächste Hügelkette erklimmen, um endlich zu sehen, wo die Ursprünglichkeit am fernen Horizont hinführen mag.

Seltene Naturphänomene wie die Steinerne Rinne (siehe Seite 114) gibt es viele am Hahnenkamm, sie lassen sich heute wissenschaftlich erklären. Daneben aber gibt es auch »magische« Orte, um die sich Sagen und Mythen ranken aus einer Zeit, in der Druiden und keltische Opferhandlungen eine wichtige Rolle im abgeschiedenen Leben der Bewohner des Hahnenkamms spielten.

Einer dieser Orte ist ein Stein, dem grausame Opferriten zugeschrieben werden. Er ist ungefähr eineinhalb Meter lang und 30 Zentimeter breit. Sogar Menschen sollen hier getötet worden sein. Die mächtigen Rinnen und Bruchmulden sind beeindruckend, und mit einiger Phantasie können die Sagen der Vergangenheit durchaus wieder lebendig werden. So existiert eine Schriftenquelle aus dem 18. Jahrhundert, die auf den ovalen Umfang eines ehemaligen Tempelbaus im Wald verweist und einen von anderen Steinen getragenen Opferstein mit einer ausgehauenen Rinne beschreibt. Was auch immer dran sein mag an den alten Mythen, in der heutigen Zeit vermischt sich an der Blutrinne die Stille des Waldes mit dem Motorengedröhn vom nahe gelegenen Enduro-Park. Es klingt jedoch schlimmer, als es sich anhört. Denn immerhin wurde laut Internetseite des Betreibers »die Anlage im Rahmen des Wettbewerbs Deutscher Naturpark vom Bundesumweltministerium für die beispielhafte Synthese von Freizeitgestaltung und Naturschonung ausgezeichnet«. Ein klein wenig hat sich das Rad der Zeit auf dem Hahnenkamm also doch weitergedreht.

Adresse bei 91719 Heidenheim-Hechlingen am See | **Anfahrt** B 466 Richtung Oettingen, über Heidenheim nach Hechlingen Richtung Ursheim fahren, bis links die Einfahrt zm Enduro-Park kommt, parken. Anlauf: Vom Parkplatz aus den Waldweg immer rechts am Zaun entlang den Berg hinauf. Auf der Hochfläche stets den Zaunverlauf im Blick behalten, etwa 500 Meter nach dem Zaunknick liegt die Blutrinne ein Stück zurückgesetzt im Wald (oder Wanderweg Nummer 18 von Hechlingen aus). | **Tipp** Schaurige Geschichten ranken sich auch um den »Hohlen Stein«, der auf dem gegenüberliegenden Schmiedsberg liegt. Eine Ausschilderung führt vom Parkplatz Richtung Kläranlage hin bis zum Waldrand.

44__Die Feuerstangen
Zeitzeugen an Hauswänden

Freiwillige Feuerwehr? Vor allem in den kleineren Orten ist das oftmals gar keine Frage. Klar ist Mann Mitglied, ab und zu sogar auch Frau. Das hat mit Gemeinschaftsgefühl zu tun, vor allem aber mit dem Wunsch, im Notfall tatkräftig anpacken zu können. Und gerade in den ortsnahen Handwerks- und Landwirtschaftsbetrieben ist es Familientradition und Ehrensache, bei Einsätzen sofort zur Stelle zu sein. Anders ginge es auch gar nicht. Gerade in Gegenden wie dem Hahnenkamm läge alles in Schutt und Asche, bis das offizielle Martinshorn endlich über die Hügel schallte. Bis zum 14. Jahrhundert standen den Menschen lediglich Ledereimer, Wasserfässer und Feuerhaken zur Brandbekämpfung zur Verfügung. Sobald ein Feuer ausbrach, galt es, rasch den Brandherd zu finden und zu löschen.

Daher hingen an einigen Häuserwänden lange Stangen mit alten Feuerhaken, die zum Einreißen der Wände dienten – die damals aus Lehm und Stroh gebauten einfachen Hütten brannten schnell. Die Feuerschutzgeräte wurden an zentralen Plätzen für alle erreichbar aufgestellt. Hier in Hechlingen standen die Häuser eng um die Kirche herum, sodass die rettenden Stangen an Ortsein- und -ausgang aufbewahrt wurden. An der Außenwand des Prennesselhoff-Hofes haben die damals rettenden Feuerstangen heute ein ruhiges Hängen – gegen Steinwände sind sie chancenlos.

Was da an der Wand wie ein Schwarz-Weiß-Graffito aussieht, ist tatsächlich ein Schriftzug in Sütterlin. Sütterlin geht zurück auf den deutschen Grafiker und Pädagogen Ludwig Sütterlin (1865–1917) und wurde 1915 in Preußen erstmals als Deutsche Schreibschrift eingeführt. Sie währte jedoch nicht lange, bereits 1941 gab es einen Erlass, der die Verwendung der Sütterlinschrift untersagte. Nach dem Zweiten Weltkrieg wurde einheitlich die lateinische Schreibschrift eingeführt. Mit ein wenig Phantasie und dem Wissen unserer Großeltern lässt sich jedoch auch der »Prennesselhoff« entschlüsseln.

Prennesselhoff

Adresse Wohnhaus an der Heidenheimer Straße, 91719 Heidenheim-Hechlingen am See | **Anfahrt** B 466 Richtung Oettingen, über Heidenheim nach Hechlingen. Von der Hauptstraße führt eine Abzweigung zur Katharinenkapelle. An der Rückwand des angrenzenden Hofes hängen die Feuerstangen. | **Tipp** Ein kurzer Spazierweg ist der 3 Kilometer lange Rundwanderweg um den Hahnenkammsee mit Bademöglichkeit. Circa 100 Meter weiter Richtung Heidenheim liegt der Einstieg zum Hechlinger Hohlweg (siehe Seite 98).

45_Der Hechlinger Hohlweg

Naturgewalt im Eisensandstein

»Bäume sind Heiligtümer. Wer ihnen zuzuhören weiß, der erfährt die Wahrheit.« Aus diesen Worten des Dichters Hermann Hesse spricht die Ehrfurcht vor den mächtigen Baumriesen. Wer weiß, was die gewundenen Stämme und Luftwurzeln der alten Buchen im Hohlweg bereits gesehen und erlebt haben.

Als vor vielen tausend Jahren der Regen immer mehr Sand fortspülte, bildete sich langsam eine Rinne zwischen dem dichten Strauch- und Baumgestrüpp. Anfangs kaum zu sehen, zogen sich Sträucher und Bäume immer mehr zurück und ließen einen Pfad entstehen, der schmal genug für Waldtiere war. Mit der Besiedelung des Hahnenkamms zogen auch die ersten Siedler durchs Land. Sie brachten Schafe und Rinder mit, legten Weideland an und trieben ihre Tiere durch den natürlich entstandenen Hohlweg auf die grünen Hügel. Der Weg wurde durch die intensive Nutzung immer breiter und tiefer. Kaum vorstellbar, dass sich große Pferdefuhrwerke den schmalen Anstieg entlangkämpften, um die Ernte heimzubringen. Das von Hufen und Klauen aufgewühlte Erdreich wurde vom Regen weggespült, der Sandstein im Boden durch die Wagenräder glatt gerieben. Im Laufe der Jahre wuchsen die Wände im Hohlweg immer stärker aus dem Waldboden heraus. Um noch Halt im glatten Sandstein zu finden, wurden per Hand Kanten und Kerben hineingeklopft. Irgendwann geriet der Hohlweg in Vergessenheit und überwucherte.

Heute wird er von wildem Geäst und einem geschlossenen Zweigdach hochgewachsener Bäume verborgen, die vorbeiführende Straße zur Katharinenkapelle (siehe Seite 100) ist die schnellere (und langweiligere) Alternative. Vor wenigen Jahren wurde der Hohlweg in seiner ganzen Schönheit auf rund 250 Metern begehbar gemacht. Neun Meter ragen die grünen Felswände rechts und links empor, mächtige Wurzeln klammern sich an die Steine, und gewaltige Bäume strecken sich dem Himmel entgegen. Wer zuhören kann, dem erzählen sie ihre Geschichte.

Adresse 91719 Heidenheim-Hechlingen | **Anfahrt** B 466 Richtung Oettingen, über Heidenheim nach Hechlingen. Das Eingangstor zum Hohlweg liegt etwas rückversetzt an der Hauptstraße, neben dem Autohaus an der Heidenheimer Straße. | **Tipp** Zwischen Heidenheim und Hechlingen zeigt ein kleiner Wegweiser zum Waldrand. Dort liegt eine schön angelegte Schutzhütte im Gebiet der Sieben Quellen.

46__Die Katharinenkapelle

Das Hechlinger Wahrzeichen

Weithin sichtbar steht die Ruine der Katharinenkapelle auf dem Kapellbuck über dem kleinen Ort Hechlingen. Erbaut in der ersten Hälfte des 15. Jahrhunderts, war sie eine beliebte Wallfahrtskirche als Zwischenstation auf dem Pilgerweg nach Wemding. Heute führt der Weg zum 585 Meter hohen Kapellbuck durch den einzigartigen Hechlinger Hohlweg und vorbei an Feldern, die in der Ferne an den Waldrand grenzen und sich in der Hügellandschaft des Hahnenkamms verlieren.

Bei vielen Wanderern entsteht da die Sehnsucht, endlich auf einer Hochfläche anzukommen, die einen Weitblick in die Umgebung erlaubt und abschätzen lässt, wie viel Wegstrecke es noch zu bewältigen gilt. Nicht umsonst wurde die Katharinenkapelle auf der höchsten Erhebung Hechlingens errichtet und so zum Wahrzeichen des Ortes.

Viel ist nicht mehr übrig geblieben von der einst viel besuchten Kapelle. Wie so oft in den vergangenen Jahrhunderten wurden die Steine als wertvolles Baumaterial für die Häuser der näheren Umgebung zweckentfremdet. Umrisse von Fensterspitzbögen und verschieden hohe Mauerwerke aus Kalksandstein lassen das einstige Aussehen erahnen, Sanierungsmaßnahmen Anfang der 80er Jahre haben die Ruine vor dem endgültigen Zerfall gerettet. Heute strahlt der Ort eine schlichte Erhabenheit aus: Der Wind weht konstant durch alle Steinritzen, ein einfaches Kreuz manifestiert die zentrale Aussage, und Bänke laden zum Verweilen ein.

Einen eigenen Pilgerweg legte die kleine Glocke neben der Ruine zurück: Nachdem 1880 der Turm der Katharinenkapelle einstürzte, wurde sie nach Hechlingen gebracht. Einige Jahre später verkaufte die Gemeinde Hechlingen die Glocke nach Winkelhaid bei Windsbach. Mit Beendigung der Sanierung der Kirchenruine 1999 wurde sie wieder zurückgekauft und erhielt in dem separat stehenden Glockenturm ein neues, altes Zuhause.

Adresse Die Ruine der Kapelle ist deutlich sichtbar oberhalb des Ortes. Wegweiser führen dorthin. Informationen im Haus des Gastes: Heidenheimer Straße 3, 91719 Heidenheim-Hechlingen, Tel. 09833/1685. | **Anfahrt** B 466 Richtung Oettingen, über Heidenheim nach Hechlingen. In Hechlingen fährt man auf der Treuchtlinger Straße in Richtung Schlittenhart. Am Ortsende geht es die erste Straße nach dem Ortsschild links den Berg hinauf. Auf dem Wanderparkplatz parken. | **Tipp** Auto am Gasthaus Forellenhof in Hechlingen stehen lassen. Durch das Eingangstor zum Hohlweg (siehe Seite 98) dem Wanderweg zur Katharinenkapelle folgen, vorbei am alten Bierkeller der ehemaligen Hechlinger Brauerei.

47__Die LBV Umweltstation

Eine Halbinsel für Forscher und Entdecker

Wie ein überdimensionales Vogelnest hat sie sich etwas abseits vom lauten Strandtrubel am südwestlichen Ufer des Rothsees platziert. Die Umweltstation des Landesbunds für Vogelschutz in Bayern e. V. fällt bereits durch die Außengestaltung ins Auge: Kreuz und quer verankerte lange Rundhölzer symbolisieren eine Neststruktur, aus der heraus das Erforschen, Beobachten und Entdecken der Wasser- und Sandlandschaft gewagt werden kann. Eine wunderbare Erlebniswelt für Familien mit Kindern mit Ausstellungs- und Forscherräumen im Haus und über die ganze Halbinsel verteilten Entdeckerstationen.

Erster magischer Anziehungspunkt ist das große Freilandaquarium. Hier tummeln sich Vertreter der Fischarten, die später beim Schwimmen im See vielleicht mal an die Beine stupsen oder in den seichten Ufergewässern zu sehen sind. Der zweite Lieblingsbereich – zumindest für Kinder – ist eindeutig der Wasser-Matsch-Spielplatz. Der Weg dorthin wird von sprechenden Blumen gesäumt, die von ihrem Lieblingsplatz erzählen. Eltern dagegen nehmen gerne ihre Auszeit in den Hängematten des »Wolkenkinos« und beobachten hier still und leise die Vogelwelt. Vom Wolkenkino aus erblickt man auf der gegenüberliegenden Uferseite die Wasserkraftanlage des Rothsee II. Mit dem regenerativen Strom, der hier erzeugt wird, können zeitweise bis zu 2.000 Menschen versorgt werden. Es lohnt sich, einen Blick durch die großen Panoramascheiben zu werfen und so Einblicke in die Technik eines modernen Wasserkraftwerkes zu gewinnen.

Hinter der Umweltstation führt ein breiter Weg über eine Sanddüne hoch zum Klimadeck. Hier lassen sich Wetterbeobachtungen und -experimente durchführen und die Leistung einer Solaranlage erforschen. Übrigens sind alle Wege und Bereiche so angelegt, dass auch Menschen mit Behinderungen Zugang zu den Stationen haben und an den Umwelterfahrungen, regelmäßigen Führungen und Aktionen teilhaben können.

Experimentier doch mal:
Energie aus der Sonne

Photovoltaikanlagen verwandeln das Licht der Sonne in Strom.

Adresse Am Rothsee 10, 91161 Hilpoltstein-Heuberg, www.rothsee.lbv.de | **Anfahrt**
A 9 Abfahrt Hilpoltstein, St 2225 Richtung Hilpoltstein über Heuberg, in Heuberg
Ausschilderung folgen. Direkt neben Segelzentrum und Badestrand liegt die Umwelt-
station des LBV (Rothsee-Hauptsperre). Parkplätze sind ausreichend vorhanden. |
Öffnungszeiten Sa 13–18 Uhr, So, feiertags 11–17 Uhr; Mai–Okt. auch Di–Fr
14–18 Uhr, Gruppen nach Absprache | **Tipp** Ein Fischlehrpfad zu heimischen
Fischarten führt direkt am Rothsee entlang bis zum Damm, der den Großen
Rothsee vom Kleinen Rothsee trennt.

48 Die Wehrkirche

Wo massive Steinquader Widerstand leisteten

Detailverliebten Schmuck und Verschnörkelungen findet man hier nicht. Die massiven stauferzeitlichen Buckelquader wirken eher abweisend als einladend. Wehrkirchen waren im späten Mittelalter eine Antwort der geplagten Landbevölkerung auf die ständigen Unruhen und Übergriffe durch Streitigkeiten zwischen Markgrafen, Städten und Bistümern. Im Mittelalter war Nürnberg eine der großen Kaufmannsstädte in Franken, zwischen Bamberg und Würzburg lagen wichtige Handelswege. Wer konnte, sicherte sich einen möglichst großen Einfluss auf die an Handelsstraßen angrenzenden Gebiete. 1449 kam es zum ersten Markgrafenkrieg durch Markgraf Albrecht Achilles von Bayreuth-Ansbach. Er wollte mit dem Zusammenschluss der Gebiete zwischen Bayreuth und Ansbach das Herzogtum Franken gründen. Unter den heftigen und erbarmungslos geführten Auseinandersetzungen litt vor allem die Landbevölkerung. Schutz boten lediglich massive Wehranlagen oder standhafte Wehrkirchen.

An der westlichen Außenseite der Turmmauer sind noch Spuren des alten Kirchenschiffs zu entdecken. Dem massiven Turm wird das Jahr 1487 zugeschrieben, während das Langhaus um 1594 entstand. Eine ganz besondere Atmosphäre strahlt das Innere der Kirche aus: archaisch anmutende Holzbänke mit hohen Seitenwangen, kalter Steinboden, die faszinierende Holzdecke des Kirchenraumes verziert mit spätgotischer Schablonenmalerei. Ebenfalls spätgotisch ist das Holzrelief am rechten Seitenaltar, das die Anbetung der Könige zeigt. Eine weitere Epoche bietet der Hochaltar aus dem späten Rokoko, während die Seitenaltäre dem Barock zugeordnet werden können. In der Sakristei verborgen sind die wertvollen Fresken aus dem späten 14. Jahrhundert.

Einzigartig charaktervoll ist auch das Geläut der Wehrkirche. Es setzt sich standhaft dem entgegen, was in der heutigen Zeit als angenehmer und harmonischer Wohlklang bezeichnet wird.

Adresse Katholische Filialkirche St. Stephan, Mindorf 25, 91161 Hilpoltstein-Mindorf | **Anfahrt** A 9 Abfahrt Hilpoltstein Richtung Hilpoltstein, nach einigen Kilometern Abzweigung nach Mindorf. Am westlichen Ortsrand ist die rote Kirche deutlich zu erkennen. | **Öffnungszeiten** unregelmäßig, gegebenenfalls Kirchenschlüssel im Haus neben der Kirche erfragen | **Tipp** Lohnenswert ist ein Abstecher in das mittelalterliche Hilpoltstein mit seiner Burgruine.

49__Das Rokokoschloss

Ein schönes Schloss ist kein Garant für Liebesglück

Ein wenig verwundert es schon, dass ausgerechnet im Hilpoltsteiner Ortsteil Mörlach ein kleines Rokokoschloss mit Herrenhaus, zwei Seitenflügeln und einem quadratischen Innenhof steht. Heute befindet sich darin ein privates, landwirtschaftlich geführtes Gut. Nichts erinnert mehr an die Familiengeschichte der Erbauer, deren Lebenswege Mörlach mit der Weimarer Gesellschaft, darunter Johann Wolfgang von Goethe und Friedrich von Schiller, verbanden.

1773 gerade erst aus Indien zurückgekommen, vermählte sich Christoph Adam Carl von Imhoff mit Luise Franziska Sophie von Schardt. Sie war die jüngste Schwester der Charlotte von Stein, die in Weimar dem engen Freundeskreis um Goethe angehörte. Und da ein jung verheiratetes Paar ein eigenes Heim benötigt, ließ von Imhof in Mörlach 1775 mal eben ein dreistöckiges Schloss bauen, nach englischer Bauweise und mit immerhin 112 Fenstern. Warum das Paar vom gesellschaftlich attraktiven Weimar nach Mörlach umsiedelte? Vielleicht war es der zweifelhafte Ruf Imhofs – sowohl als Ehe- wie auch als Geschäftsmann –, der in Indien seine erste Frau auf eigenartige Weise »vergessen« hatte.

Jedenfalls überzeugten seine Geschäftsmethoden auch in der neuen Umgebung nicht, und das Vermögen war bald aufgebraucht. Dank der familiären Beziehungen von Ehefrau Luise konnte das Paar nach Weimar zurückkehren. Die 1776 geborene Tochter Amalie von Imhoff blieb bis zu ihrem 15. Lebensjahr in einem Pensionat in Erlangen, später wurde sie Hofdame der Herzogin Louise in Weimar und gehörte dem literarischen Zirkel der Herzogin Anna Amalia an.

Die kluge Luise von Imhoff wurde in den Freundeskreis ihrer Schwester Charlotte aufgenommen, für den wenig beliebten Ehemann fanden sich nur bedauernde Worte. Kurz vor der Scheidung starb Freiherr von Imhoff, Luise war nun frei und konnte mit dem restlichen Geld noch 15 Jahre lang ihr Leben in Weimar genießen.

SCHLOSS MÖRLACH
1774
von der Nürnberger Patrizierfamilie Imhof
im Rokoko-Stil erbaut.

Adresse Schloss Mörlach, Mörlach C 17, 91161 Hilpoltstein-Mörlach; Informationen
über das Amt für Kultur und Tourismus, Tel. 09174/978505 | Anfahrt A9 Abfahrt
Hilpoltstein Richtung Freystadt über Altenhofen nach Mörlach, etwa in der Ortsmitte
links in die Straße C 17 abbiegen bis zum Schloss | Tipp Weiterfahrt nach Mindorf
über Pierheim. Beim Überqueren des Kanals ist auf der linken Seite ein eindrucksvolles
Kanal-Kunstwerk zu sehen.

50__Das Granitsegel

Am Scheitelpunkt der Europäischen Hauptwasserscheide

Pierheim liegt genau auf dem Scheitelpunkt der Europäischen Haupt-wasserscheide zwischen Rhein und Donau. Und hier erreicht auch der 1992 eröffnete Rhein-Main-Donau-Kanal mit 406 Höhenme-tern seinen höchsten Punkt. Klar, dass diese Tatsachen eine besonde-re Würdigung verdienen, und so fällt hier eine lang gestreckte, glatte Steinwand ins Auge, die sich bruchstückhaft durch die Landschaft zieht und knapp vor dem Wasser haltmacht – für Komorane ein wun-derbarer Ruheplatz, von dem sie so leicht keiner vertreiben kann.

Seit April 2006 steht die Granitskulptur dort, sie wurde vom Künstler Hannsjörg Voth entworfen und markiert deutlich sichtbar die Europäische Wasserscheide. Das Denkmal folgt ihrem topogra-fischen Verlauf und symbolisiert den Durchbruch des Kanals an ih-rem höchsten Punkt. Auf der Südseite hat die Skulptur eine Länge von knapp 145 Metern vom Scheitelpunkt des Geländes bis zum Kanalufer, wo sie mit einer Gesamthöhe von 14 Metern abbricht. Auf der gegenüberliegenden Nordseite beträgt die Länge nur noch 43 Meter, mit einer Höhe von knapp drei Metern endet die Wand im Böschungsrand.

Um die Wirkung der Steinskulptur vollständig zu erfassen, muss man als Betrachter die Perspektive wechseln. Für vorbeifahrende Schiffe nämlich sieht die speziell bearbeitete helle Granitfläche aus wie ein vorbeiziehendes Segel. Nähern sich die Schiffe der Stelle, verkleinert sich der Eindruck des Segels, und im Moment des Vor-beifahrens zeigt sich ein mächtiges Dreieck, das den überschritte-nen Scheitelpunkt markiert. In der dem Wasser zugewandten Stein-fläche zeigen sich die rauen dunklen Bruchstellen im Gegensatz zur ansonsten glatten Granitskulptur. Das schattenhafte Erscheinen sym-bolisiert zum einen den Kanal als menschlichen Eingriff in die Na-tur, zum anderen die Änderung des Wasserablaufs.

Das Wasser allerdings zeigt sich von aller Symbolik unbeeindruckt. Es fließt.

Adresse Rhein-Main-Donau-Kanal in 91161 Hilpoltstein-Pierheim | **Anfahrt**
A 9 Ausfahrt Hilpoltstein, in Hilpoltstein Richtung Solar, nach Solar abbiegen
Richtung Pierheim. In Pierheim führt ein Feldweg zum Denkmal, ein Schild weist den
Weg zum Kanal. | **Tipp** In Hilpoltstein erfahren Interessierte von Februar bis Oktober
jeweils am letzten Samstag im Monat, 15 Uhr, in offenen Stadtführungen Besonderheiten zur historischen Burgenstadt (Informationen unter Tel. 09174/978505).

51 Das Kräuterlabyrinth

Hier werden mit den Fingerspitzen Worte erspürt

Ein Labyrinth ist immer ein besonderer Ort. Die verschlungenen Wege zwingen zur Langsamkeit, ihre Windungen führen scheinbar immer weiter von der Mitte weg. So setzen sie auf sanfte Weise die oftmals im Alltag so starr gelebte Zielfixiertheit außer Kraft. Im Labyrinth der Regens-Wagner-Stiftung entschleunigen jedoch nicht nur die für ein Labyrinth typischen Rundwege, die in weiten Bögen um das Zentrum herumführen und sich nur sehr behutsam der Mitte nähern, sondern auch die Kräuter-Hochbeete. Diese säumen die Wege und sind von allen Seiten zugänglich. Der Geruchssinn wird von den verschiedenen Düften in Anspruch genommen, und es braucht Zeit, alles richtig zuzuordnen. Altbekannte und vertraute Kräuter sind je nach ihrer Wirkkraft in einzelne Bereiche gegliedert. Sie werden dem Labyrinth-Besucher auf kleinen Tafeln mit ihrem deutschen und botanischen Namen erklärt. Und – das ist nämlich das Besondere an diesem Kräuterlabyrinth – auf den Tafeln sind die Pflanzennamen auch in der Brailleschrift für Sehbehinderte vermerkt.

Das Kräuterlabyrinth wurde von der Regens-Wagner-Stiftung ganz bewusst so gestaltet, dass es für Menschen mit und ohne Behinderung ein Erlebnis ist. Und nicht nur Sehbehinderte können diese Erfahrung machen: Die breiten Wege besitzen einen gepflasterten Untergrund, damit sie auch mit Rollstühlen befahren werden können. In den Hochbeeten wachsen die Pflanzen sozusagen auf Augenhöhe, die Kräuterblätter lassen sich leicht zwischen den Fingern zerreiben und verströmen ihren markanten Duft. Bunte Blüten schaffen ein lebendiges Farbspektrum und locken Insekten und Schmetterlinge an. Auf rund 200 Metern führt der Weg zum Zentrum, in dem ein Brunnen mit einer Skulptur des Mainzer Bildhauers Reinhold Petermann steht.

Wer sich für Kräuter interessiert und mehr darüber wissen möchte, kann sich nach einer Führung durch Kräuterpädagoginnen erkundigen.

Adresse Zell A 9, 91161 Hilpoltstein-Zell | **Anfahrt** A 9 Abfahrt Hilpoltstein, in Hilpoltstein die Abzweigung nach Zell nehmen, im Ort der Straße Zell A folgen, nach der Kirche rechts halten und Auto auf dem Parkplatz abstellen | **Öffnungszeiten** frei zugänglich, Erlebnis abhängig von der Vegetationsperiode | **Tipp** Anschließend lädt der mächtige Hainbuchen-Laubengang zu einem Spaziergang unter seinem Blätterdach ein.

52__Der Kirchturm

Wo Minnesänger sich Krapfen schmecken ließen

Ein wenig merkwürdig mutet er schon an, der Hohentrüdinger Kirchturm. Er muss sich anstrengen, um mit der Spitze aus dem rechteckigen, 27 Meter hohen Bergfried der einst so mächtigen Burganlage herauszuschauen. Das Buckelquadermauerwerk ist noch erhalten und besitzt einen Eingang in neun Meter Höhe. Die Mauerstärken von vier Metern im unteren Teil und 2,5 Metern im oberen sind gigantisch im Vergleich zu den heute üblichen dünnen Häuserwänden. Eine durchaus massive, für kleine Füße gemachte Holztreppe zieht sich am inneren Mauerwerk entlang nach oben. Die Durchlässigkeit der Stufen eröffnet abenteuerliche Blicke in die Tiefe. Wer es jedoch die Treppen bis ganz nach oben geschafft hat, wird mit einem phantastischen Ausblick belohnt. Schnell wird klar, dass Hohentrüdingen als alter Burgensitz ebenso wie Burg Spielberg (siehe Seite 60) und die Gelbe Bürg (siehe Seite 36) zu den strategisch wichtigen Niederlassungen der frühen Siedlungszeiten gehörte. Der Blick erstreckt sich über den Hesselberg und das Wörnitztal hin zum Nördlinger Ries und – mit viel Glück – zu den Alpen.

Hier kann man sich leicht zurückversetzen in die Mitte des 12. Jahrhunderts, als das vornehme Adelsgeschlecht der Edlen von Truhendingen einen zufriedenen Blick auf das ihnen übertragene Lehen zu ihren Füßen warf. Oder sie lauschten Wolfram von Eschenbach, der um 1200 herum die Gastfreundschaft der Adeligen schätzte und von der »Truhendinger Pfanne« mit ihren guten Krapfen schwärmte. Inspiriert von höfischem Treiben und kraftvollen Ritterkämpfen vermag er hier sein Parzival-Werk verfasst haben.

Die mächtige Burg wurde nach einer wechselvollen Geschichte im Jahre 1810 bis auf den Kirchturm als ehemaligen Bergfried abgebrochen, ihre Steine wurden als Baumaterial genutzt. Die dazugehörige Kirche stammt aus den Jahren 1818/19 und besitzt eine ungewöhnliche Innengestaltung. Der Blick hinein lohnt.

Adresse Kirchenweg, 91719 Hohentrüdingen (Heidenheim), Tel. 09833/981330 | **Anfahrt** B 466 Richtung Oettingen, über Heidenheim Richtung Hechlingen. Von Heidenheim Richtung Hechlingen führt eine Abzweigung nach Hohentrüdingen. Im Ort am Kirchturm orientieren. Parkmöglichkeit vor der Kirche. | **Öffnungszeiten** tagsüber begehbar (falls nicht, Schlüssel bei Elke Kaiser, Schloßweg 5, Tel. 09833/602, erfragen) | **Tipp** Beeindruckend sind die Bronzeglocken (und ihre Geschichte), zu denen vor der Kirche Informationstafeln stehen.

53__Die Steinerne Rinne

Wenn Bäche sich ihr eigenes Hochbett bauen

Jeder kennt Bäche, die sich im Laufe von Jahren ihr eigenes Bachbett geschaffen haben und nun friedlich auf dem Erdboden dahinfließen. Es geht aber auch anders. Die karstreiche Landschaft im Hahnenkamm und das kalkhaltige Wasser haben hier geologische Naturphänomene geschaffen, die in ungewöhnlich hoher Zahl in dieser Gegend vorkommen. Sie werden Steinerne Rinnen genannt und sind nahe den Ortschaften Hechlingen, Heidenheim, Kurzenaltheim, Oberweiler und Wolfsbronn sowie in Rohrbach bei Ettenstadt (siehe Seite 44) zu finden.

Eine der schönsten ist die Steinerne Rinne bei Wolfsbronn mit einer Länge von circa 128 Metern und einer Höhe von bis zu 1,50 Metern. Durch die Kalkablagerungen der Wasserläufe wird das Bachbett nach oben gehoben, anstatt sich wie üblich im Erdreich ein immer tiefer werdendes Bachbett zu graben. So entstehen kontinuierlich wachsende Tuffsteinrinnen, auf denen das Wasser entlangfließt. Die Kalkgesteine des Hahnenkamms begünstigen die Entstehung von Steinernen Rinnen. Jedoch erst im behutsamen Zusammenspiel von Menschen und Natur kann eine solche Rinne entstehen und sich über Jahrhunderte entwickeln. Die Bewohner des Hahnenkamms fühlen sich seit jeher eng mit der sie umgebenden Landschaft verbunden. Immer fand sich jemand, der mit regelmäßiger Sorgfalt den Wasserlauf kontrollierte und so für ein ungestörtes Wachstum sorgte. Herunterfallendes Laub und quer liegende Äste können ebenso wie das stark wachsende Moos den freien Lauf des Wassers behindern und das Wachsen der Rinnen verhindern. Manchmal ist die Verbundenheit mit dem Wunderwerk der Natur so groß, dass die selbst gewählte Verantwortung innerhalb einer Familie weitergegeben wird. Steinerne Rinnen wurden bereits in Schriften aus dem Mittelalter erwähnt. Dem Wasser der sogenannten Käsrinne zwischen Heidenheim und Hechlingen wird sogar eine besonders heilende Wirkung nachgesagt.

Adresse südwestlich von 91802 Meinheim-Wolfsbronn | **Anfahrt** A 6 Ausfahrt Gunzenhausen, B 13 Richtung Gunzenhausen / Treuchtlingen. Abzweigung Richtung Dittenheim / Markt Berolzheim St 2230, in Meinheim Abzweig auf der WUG 34 bis Wolfsbronn, Parkmöglichkeit ausgeschildert | **Tipp** »Von Quelle zu Quelle« führt eine Wanderung zu den Steinernen Rinnen über Hechlingen, Wolfsbronn, Kurzenaltheim und zur Spielberger Leiten zurück nach Heidenheim (Infos im Haus des Gastes in Heidenheim-Hechlingen, Tel. 09833/1685).

54_Das Baderhaus

Vom wohlhabenden Krautkopf und rauen Badesitten

Merkendorf ist traditionelle Krautstadt. Der Brunnen vor dem Rathaus greift diese Tradition aus dem frühen 18. Jahrhundert auf und zeigt Krautbauern bei ihrer schweren Arbeit. Der Kohlanbau brachte Wohlstand in den Ort. Wurden in den früheren Jahren die Krautköpfe noch mit dem Pferdefuhrwerk zu den Märkten der Umgebung bis nach Ellingen und Weißenburg gebracht, konnten sie im 19. Jahrhundert mit der Eisenbahn in weiter entfernte Krautfabriken verkauft werden. Heute gehört das »Merkendorfer Kraut« zu den regionalen Spezialitäten, und jedes Jahr im Herbst steigt das altbewährte Krautfest im Nachbarort Heglau.

Vom Krautbrunnen Richtung Unteres Tor liegt der zweite große Brunnen direkt an der Hauptstraße. Dahinter steht das ehemalige Baderhaus aus dem frühen 18. Jahrhundert. Vom Dreh- und Angelpunkt, den die öffentliche Badestube im dörflichen Leben dargestellt haben mag, ist heute kaum noch etwas zu spüren. Der Bader durfte damals sein eigenes Bier brauen und nutzte die oberen Geschosse zum Lagern von Hopfen. Bier galt als Allheilmittel und war unverzichtbarer Begleiter eines Badetages. Die Sitten waren rau, das aufwendig gewärmte Wasser kostbar und der Sinn fürs Praktische ausgeprägt. Beim gemeinsamen Bad wurden Geschäftsangelegenheiten geregelt und Kontakte geknüpft. Der Bader half bei Zahnschmerzen, kannte den neuesten Haarschnitt und renkte – wenn es sein musste – Knochen wieder ein.

Beide Orte sind Stationen der »Lauschtour«, einem Radrundweg, der die Mönchswaldregionen Merkendorf, Wolframs-Eschenbach, Mitteleschenbach, Ornbau, Weidenbach und Triesdorf miteinander verbindet. Erlebbar wird die Tour mit Hilfe einer App zum Herunterladen auf Handy oder Tablet. An speziell gekennzeichneten Stationen können Informationen abgerufen werden, die auf Besonderheiten hinweisen oder die Zeitgeschichte lebendig werden lassen.

Adresse Baderhaus: Hauptstraße 26; Krautbrunnen: Marktplatz 1, 91732 Merkendorf, Informationen unter Tel. 09826/6500, www.merkendorf.de, App: www.am.lauschtour.de | **Anfahrt** A6 Ausfahrt Gunzenhausen, B13 bis Merkendorf | **Öffnungszeiten** nur von außen zu besichtigen | **Tipp** Im Familienunternehmen der Merkendorfer Kraut GmbH & Co. KG in Heglau bei Merkendorf werden auf Wunsch Führungen zur Sauerkrautherstellung durchgeführt (Anmeldung bei Jürgen Reuter, Tel. 09826/1482).

55 Im Georgental
Liebesglück am verwunschenen Weiher

Rund 300 Jahre sind vergangen, seit der wilde Markgraf Carl Wilhelm Friedrich von Brandenburg-Ansbach (1712–1757) sein ausuferndes Treiben von Ansbach über Triesdorf bis nach Gunzenhausen auslebte. Viele der wunderbaren Prachtbauten und Kirchen aus der Markgrafenzeit sind heute noch voller Leben und prägen ihre Umgebung. Von einigen ist nur die Erinnerung geblieben.

So braucht es viel Phantasie und eine große Portion Romantik, um hinter dem einfachen, leicht windschiefen Holzschild mitten im Mönchswald nahe Haundorf vor dem inneren Auge jenes Gemäuer entstehen zu lassen, von dem die Tafel erzählt: »Hier stand von 1695–1764 das Jagdschlösschen Georgental des Markgrafen von Ansbach, genannt der ›Wilde Markgraf‹.« Zu sehen ist nur ein tief umwachsener, geheimnisvoller Weiher, den im Sommer die Stechmücken zu ihrem Lustwasser erklären. Das Jagdschlösschen war eher ein Lustschlösschen und prächtig ausgestattetes Domizil für den Markgraf und die Bürgerstochter Elisabeth Wünsch. Er hatte Elisabeth bei der Falkenjagd kennengelernt und ging mit ihr nach seiner ersten, politisch korrekten Vernunftehe unter dem Deckmantel und -namen eines Unteroffiziers eine echte Liebesehe ein.

Doch alles ist vergänglich, gerade auf den Waldwegen verlieren sich Zeit und Orientierung schnell. Da es rettende Lustschlösser nicht mehr gibt und eine verirrte Nacht im Wald ziemlich kalt und lang sein kann, gibt es in vielen Gemeinden der Mönchswaldregion das 21-Uhr-Läuten. Eine einzelne helle Glocke ruft verlorene Wanderer aus dem Wald nach Hause und hat dem Volksmund nach schon manch Menschenkind gerettet. Warum auch nicht, immerhin geht der Name des Waldes zurück auf die 1132 gegründete Zisterzienserabtei Heilsbronn. Damit begann die Erschließung dieses riesigen Waldgebietes, das immer mehr als Mönchswald bekannt wurde. Im Jahr 1578 ging dieses Jagdgebiet dann an die Ansbacher Markgrafen über. Der Name ist geblieben.

Adresse im Mönchswald nahe 91639 Wolframs-Eschenbach-Biederbach | **Anfahrt** B 13 bis Merkendorf, nach Merkendorf an der Kreuzung Richtung Biederbach/ Mitteleschenbach, nach Biederbach kommt der in einer Kurve gelegene Wanderpark-platz »Drei Buchen«, von dort zu Fuß geradeaus dem ansteigenden Wanderweg (Main-Donau) folgen, bis rechts der Weiher hinter Bäumen hervorschimmert | **Tipp** Folgt man dem Weg (Zeichen M/D) immer geradeaus, so kommt man zum Wander-parkplatz zwischen Mitteleschenbach und Oberhöhberg. Hier ist auch der Ausgangs-punkt für einen anspruchsvollen Trimm-dich-Pfad durch den Wald.

56 Das Schloss Altenmuhr

Petrosilius Zwackelmann trifft Schillers Räuber

Hier also wohnte er, der große Zauberer Petrosilius Zwackelmann aus dem Kinderbuchklassiker »Der Räuber Hotzenplotz« von Otfried Preußler. In den 70er Jahren fanden hier und in Wolframs-Eschenbach die Filmaufnahmen statt – mit Gerd Fröbe als furchterregendem, Ho-Ho-rufendem Räuber mit den sieben Messern im Gürtel. Zwackelmann verließ sein Schloss während der letzten Filmaufnahmen auf einem fliegenden Teppich, Trümmer und Rauch hinter sich lassend. Die Sanierung war ihm egal.

Schloss Altenmuhr ist ein ehemaliges Wasserschloss, erbaut von den Herren von Muhr im 12. Jahrhundert. Seitdem hat es einige Besitzerwechsel hinter sich, wie eine Tafel am Toreingang der Schlossmauer verrät. Demzufolge war Zwackelmann nur Untermieter bei den Erben der Familie des königlich bayerischen Kämmerers und Generalleutnants Georg Wilhelm von Suire.

Das Schloss ist in Privatbesitz, nur die Eigentümer können im Inneren die breite, modrige-feuchte Treppe tief hinunter in den Keller gehen, in dem die in eine hässliche Unke verzauberte Fee Amaryllis auf ihre Erlösung wartete. Alle anderen müssen draußen bleiben.

Sie machen es wie Friedrich Schiller, der die Örtlichkeiten auch nicht persönlich kannte und doch sein Stück »Die Räuber« phantasievoll und unverkennbar in die Gegend von Altenmuhr versetzte. Das Muhrer Freilichttheater hat daher im Sommer stets ein Schillerstück auf dem Programmplan.

Aber – und das ist ja nun das Wichtigste – wie wurde die Fee Amaryllis von ihrem Unkendasein befreit? Hier sei es verraten: Spaziere leise und sachte bei Vollmond über die Altmühlwiesen und halte Ausschau nach dem seltenen, im Mondlicht blau schimmernden Feenkraut. Pflücke es schweigend und streiche damit sanft über den Rücken einer Unke. Ist es die richtige, steht bald die Fee Amaryllis vor dir und erfüllt drei Herzenswünsche.

Adresse Schloßstraße 16, 91735 Muhr am See | **Anfahrt** A6 Ausfahrt Gunzenhausen, B13 bis Muhr, nach der Abzweigung der Hauptstraße folgen, kurz vor Ortsausgang rechts in die Schloßstraße einbiegen | **Öffnungszeiten** Das Schloss ist in Privatbesitz und nicht zu besichtigen. | **Tipp** In Wolframs-Eschenbach findet jeden ersten Sonntag im August ein großes Kinderfest mit dem »echten« Räuber Hotzenplotz statt.

57___Die Störche im Seenland

Radeln auf Adebars Spuren

Von März bis September sind sie da, die Weißstörche des Seenlandes. Rund zwölf Paare haben sich im mittleren Altmühltal niedergelassen. Wer zuerst da ist, bekommt den schönsten Horst und beginnt schon mal mit der Nestpflege. Die wagenradgroßen Horste sitzen auf Schornsteinen, Kirchtürmen oder Spitzdächern, deutlich erkennbar an den darunterliegenden, verschmutzten weiß gefärbten Dachziegeln. Aber egal. Jeder Ort ist stolz auf sein Storchenpaar und erkennt in den klappernden Gesellen gleich eine Touristenattraktion, die durch eine extra installierte Webcam noch hervorgehoben wird.

Gerade junge Leute scheinen noch heute an den Storch zu glauben wie kleine Kinder an den Osterhasen. Wo eine liebevoll aus Holz geschnitzte lebensgroße Storchenfigur mit Baby im Schnabel vor der Haustür steht, ist sicherlich gerade ein Baby geboren worden und die Freude darüber groß. Landwirte, die ihre Flächen noch extensiv bewirtschaften, haben hinter der Mähmaschine oder beim Pflügen häufig einen treuen Begleiter: Meister Adebar holt sich dort die aufgeschreckten Mäuse, Frösche, Regenwürmer und Insekten. Und weil so viel enge Verbundenheit noch nicht genug ist, wurden vor einigen Jahren drei Radwege ins Leben gerufen, die alle zwölf Storchennester miteinander verbinden.

Da Muhr am See als einziger Ort gleich zwei Storchennester besitzt, beginnen auch zwei der Touren dort am Bahnhof beziehungsweise an der LBV-Umweltstation. Die Strecken sind gut ausgeschildert, ein radelnder Storch mit grünem Rucksack auf dem Rücken zeigt den richtigen Weg, während auf den großen Wiesenflächen die echten Störche auf ihren langen roten Beinen durch das Gras stolzieren. Insgesamt zehn Infotafeln vermitteln das nötige Paket Wissen zum Weißstorch und Schutzmaßnahmen für seinen Lebensraum. Einkehrmöglichkeiten gibt es reichlich, am besten mit Blick aufs Storchennest.

Meister rAdelbar 1

Adresse Umweltstation Altmühlsee, Schloßstraße 2, 91735 Muhr am See, Tel. 09831/4820 | **Anfahrt** A6 Ausfahrt Gunzenhausen, B13 bis Muhr, nach der Abzweigung der Hauptstraße folgen, an der Eisdiele rechter Hand zur LBV-Umweltstation, Bahnhof ist ausgeschildert. | **Tipp** Die längste Stecke (32 Kilometer) mit Steigungen beginnt am Bahnhof Gunzenhausen und führt die Altmühl entlang bis Trommetsheim und zurück.

58 Die Vogelinsel

Begehrter Rastplatz für Zugvögel

Die Vogelinsel dürfte das einzige Naturschutzgebiet sein, das bereits Jahre vor seiner Entstehung fest eingeplant war. Als in den 70ern nichts das Großprojekt »Seenland« aufhalten konnte und die Baumaßnahmen über Jahre hinweg die Gegend in eine Mondlandschaft verwandelten, war die Ausweisung eines Naturschutzgebietes ein hart erkämpftes Zugeständnis. Streng getrennt vom Freizeitbereich liegt das über 200 Hektar große Schutzgebiet – kurz Vogelinsel genannt – umgeben von einem Ringdamm im oberen Seenbereich. Es umfasst damit etwa zwei Fünftel des gesamten Sees. Hier wechseln sich freie Flächen, Flachwasserbereiche, Schilfzonen, Feuchtwiesen und Auwald in einer mosaikartigen Insellandschaft ab und bilden einen einzigartigen Lebensraum. Eng wird es, wenn unzählige Zugvögel das Schutzgebiet als willkommenen Rastplatz zur Zwischenlandung nutzen.

Dass sich neben Fischadlern seit zehn Jahren auch ein Seeadlerpärchen hier niedergelassen hat, versöhnt mit dem Verlust der weiten Wiesenflächen, die nun den Grund des 2,50 Meter tiefen Sees bilden. Neben der Vogelwelt leben hier auch Kröten, Frösche, Schmetterlinge, Käfer, Libellen und Biber. Zwei Beobachtungs-Plattformen gewähren einen wunderbaren Weitblick. Zur Vogelinsel gehört im Norden bis hoch nach Ornbau das Feuchtwiesengebiet »Wiesmet«. Als wichtigstes Wiesenbrütergebiet Bayerns bietet es Lebensraum für 300 Vogelarten. Bewirtschaftet wird das wasserreiche Wiesmet unter der Fachaufsicht des Landschaftspflegeverbandes Mittelfranken und von frei agierenden Bibergroßfamilien.

Als übrigens 1976 im Rahmen der bayerischen Gebietsreform aus Alten- und Neuenmuhr der gemeinsame Ort Muhr wurde, fügte man gleich den Titel »am See« dazu. Die ersten Urlauber verbrachten ihren Paddelurlaub allerdings zuerst in einer grünen Wiesen-, die folgenden Baujahre in einer Mondlandschaft.

Adresse LBV-Infohäuschen direkt am Altmühlsee, Parkplatz Vogelinsel, 91735 Muhr am See | **Anfahrt** A6 Fränkisches Seenland/Gunzenhausen, B13 bis Muhr, dem Parkhinweis »Vogelinsel« folgen, über eine kleine Brücke zum See laufen, rechts halten und der Ausschilderung folgen | **Tipp** Der Bund für Vogelschutz bietet regelmäßig spannende Führungen zur Vogelinsel an. Für Kinder gibt es spezielle Angebote (http://altmuehlsee.lbv.de/vogelinsel.html).

59_Die Ampelmädchen

Mit Rock und Zöpfen den Autos entgegen

Es gibt sie, die gesetzlichen Schlupflöcher. Und durch diese sind die fröhlich-berockten Ampelmädchen in Muhr klammheimlich geschlüpft, um nun an der lebhaft befahrenen B 13 Radfahrern und Fußgänger einen sicheren Übergang auf die andere Straßenseite zu ermöglichen. Manche mögen sie für altmodisch halten mit ihrem Kleidungsstil der 60er Jahre und noch dazu geflochtenen und abstehenden Zöpfen. Die Selbstverständlichkeit, mit der sie jedoch in schöner Regelmäßigkeit zum Stehenbleiben und Losgehen auffordern, hat einen ganz eigenen Charme. Die Mädels locken beim Warten ein Lächeln auf die Lippen, sodass man/frau ihren Anweisungen gerne folgt und ihnen auch noch mal einen Blick über den Rücken nachwirft. Gegen diese beiden kann der ansonsten bundesweit übliche »stilisierte Euromann für Lichtsignalanlagen« glatt einpacken.

Die weibliche Version der Ampelfigur wurde vom Grafiker Hans-Jürgen Ellenberger 1996 entworfen und ist seit 2000 als Geschmacksmuster eingetragen, um die Urheberrechte zu sichern. Ihr Ursprung liegt im ostdeutschen Ampelmännchen, das nach der Wende 1989 in vielen ostdeutschen Städten dem westdeutschen Zeichen weichen musste. Es wurde gerade noch rechtzeitig vor dem Aussterben bewahrt und hat inzwischen einen lebensrettenden Kultstatus erlangt.

Die flotten Mädels begannen ihren Siegeszug zur Gleichberechtigung der Geschlechter im öffentlichen Leben 2004 in Zwickau, 2005 in Dresden und eroberten 2006 dank einer Mütter-/Elterninitiative in Muhr erstmals den bayerisch-fränkischen Raum. Ihre Argumente sind überzeugend: Sie ziehen die Blicke auf sich, im weit schwingenden Rock lässt sich ein großes Farbfeld unterbringen, und ihre Handlung ist bestimmt von freundlicher Durchsetzungskraft. Gut, dass das gesetzliche Schlupfloch in Muhr entdeckt wurde und der magersüchtige Euromann Konkurrenz bekommen hat.

Adresse 91735 Muhr-Stadeln, Ampelkreuzung B13 Abzweigung Streudorf/Muhr/
Vogelinsel | **Anfahrt** A6 Ausfahrt Gunzenhausen, B13 bis Muhr, direkt an der
Ampelanlage der Abzweigung Muhr/Vogelinsel | **Tipp** Auch bei den Ampelmädels
gilt: Nach rechts und links schauen nicht vergessen! In den Monaten Juli–August
finden auf der Bühne am Informationszentrum, Schloßstraße 4, die Freiluftfestspiele
statt (Tel. 09831/890370).

60_Der Seenland-Express

Mit der Museumsbahn durchs Seenland

Auf der 40 Kilometer langen Schienenstrecke Nördlingen – Gunzenhausen bietet sich in den Sommermonaten ein Eisenbahnerlebnis der anderen Art. Der Seenlandexpress gehört zu den Sonderzügen des Bayerischen Eisenbahnmuseums und versöhnt mit all den technischen Ungereimtheiten des normalen Schienenalltags. Wer hier mitfährt, der hat Zeit und kann auf den dick gepolsterten roten Bänken sitzend den Blick aus den einfachen, noch mit wenigen Handgriffen zu öffnenden Fenstern genießen. Gemächlich schnauft die alte Dampflok ihres Weges, die Zeit scheint langsamer zu laufen. In einem weiten Bogen verläuft die Strecke durch das Nördlinger Ries, am Hesselberg vorbei und hinein ins Seenland bis Gunzenhausen. An einigen Orten gibt es sogenannte Bedarfshaltestellen. Wer hier steht und fleißig winkt, wird mitgenommen. Das Fahrrad kommt in den eigens dafür mitgeführten Gepäckwagen, Fahrkarten gibt's beim gut gelaunten Zugbegleiter, garniert mit freundlichen Begrüßungsworten und Tipps zur Weiterreise.

Der Museumszug belebt eine alte Tradition: Als Teil der bayerischen Ludwig-Süd-Nord-Bahn von Lindau nach Hof wurde die Strecke 1849 eröffnet und bis 1906 befahren. Bis es dann einen direkten Weg zwischen Donauwörth und Treuchtlingen gab. Ende September 1985 wurde der Personenverkehr eingestellt, einige Jahre später der Güterverkehr. Die Aktiven im Bayerischen Eisenbahnmuseum ertrugen den Anblick der verwitternden Gleise nicht mehr länger, sie pachteten die Strecke von der Deutschen Bahn, und seit 2003 fegt der Museumszug zumindest im Sommer wieder den Rost von den Schienen.

Die Museumsbahn wird ehrenamtlich betrieben und ist den Verantwortlichen eine zeitintensive Herzensangelegenheit. Über 200 Fahrzeuge befinden sich im ehemaligen Lokomotiv-Depot der Königlich Bayerischen Staatsbahn: Wer eine eigene Gleisanlage besitzt, kann sogar statt Taxi eine Dampflok ordern.

Nichtraucher

Adresse Bayerisches Eisenbahnmuseum e. V., Am Hohen Weg 6a, 86720 Nördlingen, www.bayerisches-eisenbahnmuseum.de | **Anfahrt** B 466 über Oettingen nach Nördlingen, auf dem inneren Ring der B 466 folgen bis Abzweigung Wemdinger Straße, nach der Bahnunterführung abbiegen zum Eisenbahnmuseum | **Tipp** Am Bedarfshaltepunkt Unterschwaningen (Bahnsteige beim Bahnübergang) aussteigen und eine Wanderung/Radtour zum Schlosspark Dennenlohe machen.

61_Das Jakobusdenkmal

Ein Pilger für die Wasserüberleitung

Da eilt er dahin, der barfüßige Jakobus auf seinem Pilgerweg nach Santiago de Compostela. Am Ortseingang von Ornbau hat er wohl kurz haltgemacht und einen Blick in »seine« Friedhofskirche geworfen. Nun überquert er mit einem großen Schritt die symbolische Wasserscheide zwischen Main und Donau. Genau hier begann 1986 die Überleitung von Altmühlwasser in die Regnitz und den Main. Nur wenige Meter entfernt von dem Bildhauerwerk liegt das Ornbauer Wehr, das den Wasserstrom der Altmühl reguliert und diesen vorbei an idyllischen Badeständen zum Altmühlsee lenkt. Der als Betonstreifen angedeutete Pilgerweg führt hin zu einem symbolischen Pilgerkreuz, das etwas verloren in der angrenzenden Wiese steht.

Auch wenn es auf den ersten Blick so aussieht: Jakobus steht nicht alleine auf weiter Flur. Die Donau-Main-Überleitung war die größte wasserbauliche Maßnahme des Freistaates Bayern. Da jedoch nicht nur nackte Zahlen und Fakten begeistern, wurde durch »Kunst am Bau« auch das ästhetische Empfinden angesprochen. Zeitgemäß sollte das Bauprojekt unter Einbeziehung der natürlichen Umgebung kreativ dargestellt und gestalterisch umgesetzt werden. Und zwar an allen drei Seen, die für die Wasserüberleitung herangezogen werden. So befinden sich am Brombachsee sechs Kunstwerke, am Ufer verteilt, an Roth- und Altmühlsee je drei phantasievolle Gestaltungen. Nicht alles lässt sich auf den ersten Blick als solches erkennen, und manches, wie »Das Haus für ein Boot« am kleinen Brombachsee, ist inzwischen völlig eingewachsen. Es lohnt sich aber, die aufwendigen Arbeiten aus der Nähe zu betrachten. Eine kleine Infotafel gibt jeweils die wichtigsten Hinweise zum Verständnis und bietet wunderbare Diskussionsanregungen während langer Spaziergänge entlang der Seen. Oder besser gleich beim Talsperren-Neubauamt Nürnberg TNA die Infobroschüre über »Kunstwerke an den Fränkischen Seen« anfragen.

Adresse 91737 Ornbau, www.ornbau.de | **Anfahrt** A 6 bis Ausfahrt Gunzenhausen, dann B 13 bis Weidenbach, von dort nach Ornbau, auf der Umgehungsstraße abbiegen Richtung Gern. Rechter Hand erscheint der Läufer auf dem Feld am Ornbauer Wehr. | **Tipp** Dem heiligen Nepomuk auf der historischen Ornbauer Steinbrücke einen Besuch abstatten und die idyllische Uferlandschaft genießen.

62__Die Stadtmauer

Wo Rapunzel, Dornröschen und der Froschkönig wohnen

Bekannt ist Ornbau als idyllisches Mittelalterstädtchen. Es als Märchenstadt zu bezeichnen ist sicherlich ungewöhnlich, aber durchaus zutreffend. Ein märchenhafter Ort ist die alte Bastei direkt an der Stadtmauer. Vom Friedhof her kommend geht es durch das steinerne Stadttor, dann gleich rechts in einen schmalen Fußweg weiter entlang der Stadtmauer. Diese wird immer wieder von breiten Holztoren unterbrochen, hinter denen sich in privaten Gärten zum Teil wunderschöne alte Bäume verbergen.

Der große Basteiturm sieht zwar an einigen Stellen etwas baufällig aus, offenbart aber am Durchgang vom äußeren zum inneren Stadtring Originalität. In abgewandelter Form des Märchenausspruchs »Rapunzel, lass dein Haar herunter!« hängen schwarze, ausgeleierte Fahrradschläuche das Mauerwerk herunter. Aus Rapunzel wird Victoria und aus der Königstochter ein alter Fahrradlenker. Die moderne Märchenversion wird zum besseren Verständnis auf einem Hinweisschild erzählt.

Das zweite Märchen beginnt nur wenige Meter hinter der Brücke. Üppige Rosenblüten verbreiten hier auf wenigen Quadratmetern im Sommer ihren Duft, und mit Phantasie kann man hinter all der Pracht das schlafende Dornröschen hören. Am besten leise entlang der Stadtmauer weitergehen und Ornbau unter dem Torturm hindurch über die mittelalterliche Stadtbrücke Richtung Altmühlsee verlassen. Vom höchsten Punkt der Brücke aus kann man den Blick über die Steinbrüstung schweifen lassen und einfach nur genießen: Seerosenblätter und ein idyllisches eingewachsenes Flussbett haben sich entlang der Stadtmauer entfaltet. Wer genau hinschaut, entdeckt den Hofstaat des Froschkönigs, der hier gerne seine musikalischen Feste feiert. Und als ob so viel Märchenhaftes noch nicht genug sei, entstehen in Ornbau zauberhaft und über Nacht immer wieder bunte Strickkunstwerke, die es im Stadtbild zu entdecken gilt.

Adresse Vorstadt 1, 91737 Ornbau, www.ornbau.de | **Anfahrt** B 13 bis Weidenbach, Ornbau, in der Vorstadt das Auto stehen lassen, zu Fuß zur historischen Stadtmauer und -brücke, durch die Innenstadt zurück | **Tipp** Führungen durch den Ornbauer Bibelgarten können über das Rathaus Ornbau vereinbart werden (Tel. 09826/378, www.bibelgarten-ornbau.de).

63___»Zum Tannhäuser«

Was bleibt, ist die Geschichte

Wer kennt nicht den Ritter Tannhäuser, den Richard Wagner in seiner Oper unsterblich gemacht hat? Vom Festspielort Bayreuth sind es einige hundert Kilometer bis zur Ankunft im kleinen Dorf Thannhausen nahe des Brombachsees. Dort soll er zu Beginn des 13. Jahrhunderts gelebt haben, der echte Tannhäuser.

Die Burg des Reichsministerialengeschlechts derer von Thannhausen stand vermutlich gegenüber auf der Anhöhe des Weißen Berges. Es erinnert jedoch nicht mehr viel an den berühmten, von der Minne singenden Ritter. Von der Burg selbst ist kaum noch etwas zu sehen, und lediglich eine kleine Figur auf einem Sockel vor der Dorfkirche lässt sich bei genauem Hinschauen als Tannhäuser-Denkmal erkennen. Nun ja, mit einer Würdigung durch Richard Wagner kann ein gemütlicher, fränkisch-kleiner Ort kaum mithalten.

Aber immerhin gibt es – wie in so vielen anderen Dörfern auch – das traditionelle Gasthaus. Und dieses hier stellt sich der mittelalterlichen Vergangenheit, nennt es sich doch »Zum Tannhäuser«. Auf der einen Hausseite ragt ein schmiedeeiserner Ausleger hinaus auf die Straße, eine kunstvolle Malerei auf der Hauswand zeigt den Ritter und das schwarze Kreuz auf weißem Gewand, das Zeichen des Deutschen Ordens. Wie zu dieser Zeit üblich, nahm auch Tannhäuser 1228 am Kreuzzug ins Heilige Land teil und kehrte erst viele Jahre später nach Hause zurück. Die Verse »Wo willst du dich aufhalten, Tannhusere? Mein Haus steht ohne Dach, die Stube ohne Tür, mein Keller ist eingefallen, die Tür ist verbrannt, der Stadel hat kein Wand« machen seine damalige Situation deutlich. Er kehrte seinem Heimatort den Rücken und starb um 1266 in Nürnberg. Gar so abenteuerlich wie ein Kreuzzug verlief das Leben in Thannhausen dann wohl doch nicht. Daran hat sich auch nicht viel geändert. Nach wie vor ist Thannhausen einfach ein freundlicher kleiner Ort mit einem großen Namen nahe des Brombachsees.

Adresse Landgasthof zum Tannhäuser, Thannhausen 31, 91738 Pfofeld-Thannhausen, www.zum-tannhaeuser.de | **Anfahrt** A6 bis Ausfahrt Gunzenhausen, dann B13 bis Gunzenhausen-Schlungenhof – ein kurzes Stück B 466 Richtung Schwabach – am Ende des Gewerbegebietes der Ausschilderung Pleinfeld folgen über Langlau bis Thannhausen | **Tipp** Im Wald zwischen Rittern und Thannhausen verläuft die Teufelsmauer, wie der Limes auch genannt wird. Richtung Dorsbrunn finden sich die Reste eines römischen Wachturmes.

64 Der Brauchtumsbrunnen

Vom Wasserspender zum Geschichtenerzähler

Wer im Fränkischen Seenland zu Fuß oder mit dem Rad unterwegs ist, wird gerade im Sommer die reiche Brunnenlandschaft lieben lernen. Neben den großen Brunnendenkmälern sind es vor allem die kleinen, oft hintergründig gestalteten Wasserstellen in den kleinen Orten des Seenlandes, die Wassersuchende und Erfrischungsbedürftige mit klarem Geplätscher anlocken. Hier gibt es Geschichten zu entdecken! Findet sich keine Spruchtafel in Brunnennähe, so sind der Phantasie keine Grenzen gesetzt. Häufig zeigen die dargestellten Szenen und Figuren charakteristische Eigenarten, Spottnamen oder frühere Begebenheiten des Ortes, die mit Ironie und Augenzwinkern künstlerisch in Szene gesetzt wurden.

So weigert sich am »Goaß«-Brunnen in Ramsberg am Brombachsee die Ziege (Gaoß), dem Bauern in den Ort zu folgen, da die ertragsschwachen Sandböden dort kaum genug zum Sattwerden brachten. Neben sakralen Motiven wird an ortstypisches Handwerk oder Traditionen erinnert, wie mit dem Kirschkernspotzer-Brunnen (Kirschkern-Ausspucker-Brunnen) in Stirn. Beliebte Brunnentiere sind Gänse, Karpfen und Forellen, Hos'n (Hasen), Vögel und nicht zuletzt die Jagdfalken, die, besonders an Brunnen rund um den Altmühlsee, an die markgräfliche Zeit (1398–1791) erinnern. Die Wanderfreude des mittelalterlichen Minnesängers und Epikers Wolfram von Eschenbach (siehe Seite 230) zeigt sich nicht nur am beeindruckenden Brunnen-Denkmal in seiner gleichnamigen Heimatstadt, sondern auch im Vogteischloss-Brunnen in Pleinfeld. Heißt es doch in einem seiner Liedtexte: »Zu Blienfelden sang ich meine Lieder.«

Heute laden die Brunnen ein zum Arme-Hineintauchen, Füßebaden, Ins-Gesicht-Spritzen oder zur kleinen Verschnaufpause – bis vor wenigen Jahrzehnten jedoch sicherten sie in der früher landwirtschaftlich geprägten und wenig erschlossenen Gegend die Wasserversorgung für Mensch und Tier.

Adresse zum Beispiel in 91785 Pleinfeld, aber in nahezu allen Orten des Fränkischen Seenlandes (Foto: Gänsebrunnen Mitteleschenbach) | **Anfahrt** A6 bis Ausfahrt Gunzenhausen, dann B13 bis Gunzenhausen-Schlungenhof – ein kurzes Stück B466 Richtung Schwabach – am Ende des Gewerbegebietes der Ausschilderung Pleinfeld folgen, im Ort Richtung Marktplatz | **Tipp** Ausführliche Brunnengeschichten erzählt der Flyer »Von Brunnen zu Brunnen in und um Pleinfeld«, erhältlich in der Touristeninfo Markt Pleinfeld, Marktplatz 11, 91785 Pleinfeld.

65___Der Sandbockelweg

Ein Wanderweg für kleine Beine

Von Kindern für Kinder. Vermutlich hatten einige Kinder genug von den ewig langen Sonntagswanderungen, die nur Erwachsene begeistern können. Ein Wanderweg für Kinder sieht anders aus. Und damit das jedem klar wird, wurde von Lehrern und Schülern der Grundschule Pleinfeld ein echter Kinder-Wanderweg entwickelt. Er ist rund 3,5 Kilometer lang und kann durchaus zum tagesfüllenden Programm werden. Hier gibt eindeutig die Natur den Rahmen vor, und so ist eine Wanderung zu jeder Jahreszeit ein Abenteuer mit immer neuen Erlebnissen. Es gibt Pflanzen zu entdecken und mit Glück auch Hase, Reh oder Eidechsen im Sand.

Sand ist das Hauptthema, denn in den 50er Jahren fuhr hier die Sandbockelbahn das feine Material aus dem heutigen Baggersee zur Verladestation an den Bahnhof in Pleinfeld. »Pleinfelder Sand geht durch alle Land« war der gängige Slogan zu diesem »Exportschlager« einer ansonsten armen Gegend. Heute steht die kleine Bahn mit drei Loren an der Freizeitanlage am Bahnweiher.

Der Sandabbau und seine Geschichte können nahe des Baggersees erlebt werden. In der noch aktiv genutzten Grube laufen die Förderbänder, der Schwimmbagger grubbert, der Sandwäscher ist im Einsatz, und Siebe ruckeln. Direkt neben dem Wanderweg lässt sich außerdem wunderbar spielen, Sand ist schließlich genug vorhanden.

Auf einer Waldlichtung warten Spielgegenstände, die von der ansässigen Schule für den Unterricht im Freien genutzt werden und von Gastkindern gerne »ausgeliehen« werden dürfen. Eine Wetterstation, das senkrechte Lot, eine weit schwingende Baumschaukel, eine Sägestation, den Schülerwitze-Kasten und vieles mehr gilt es zu entdecken, während müde Elternbeine von »sprechenden« Bänken zum Ausruhen, Hinschauen, Hören und Riechen eingeladen werden. Und dass ein so liebevoll gestalteter Wanderweg auch liebevoll behandelt will, das wissen Kinder sowieso.

Adresse Höbachweiher 1, 91785 Pleinfeld | **Anfahrt** B 13 Gunzenhausen, B 466 Richtung Schwabach, der Ausschilderung Pleinfeld St 2222 folgen, nach Pleinfeld B 2 Richtung Roth, nächste Abfahrt raus Richtung Pleinfeld, an der Kreuzung WUG 18/Nordring rechts abbiegen und dem Weg zum Waldrand folgen, Beginn am Feldkreuz an der Waldecke des Höhbachweihers | **Tipp** Wanderschuhe anziehen und ausreichend Proviant für unterwegs einpacken, hier geht es wirklich über Stock und Stein. Gegenüber vom Bahnhof steht übrigens noch die echte Sandbockelbahn.

66 Das Infozentrum

Von der Landschaftszerstörung zum Urlaubsgebiet

Zahlreiche Mühlen sind dem gewaltigen Seenprojekt der 70er/80er Jahre zum Opfer gefallen, die Mandlesmühle nahe des großen Staudamms am Großen Brombachsees dagegen ist heute als Informationszentrum »Wasser für Franken« das Herzstück des Fränkischen Seenlandes. Wer die Gründe für die Entstehung der Seen verstehen will, findet hier die Antworten.

Auf 300 Quadratmetern Ausstellungsfläche werden die Idee und die vielen kleinen Schritte bis hin zum heutigen Erscheinungsbild der gesamten Region dokumentiert. Erschreckend wirken die Bilder der gigantischen, 30 Quadratkilometer großen Baustelle. Riesige landwirtschaftliche Flächen und Wälder wurden zerstört und umgewälzt. Über Jahre gewachsene Infrastrukturen, Orte, Aussiedlerhöfe und traditionsreiche Mühlenanwesen fielen den Neuplanungen zum Opfer (siehe Seite 16). Heute wäre ein solch gewaltiges Natur- und Strukturumwandlungsprojekt gar nicht mehr denkbar.

Trotzdem: Das Seenland ist ein Erfolg. Aus einer wirtschaftlich und strukturell schwachen Region hat sich eine attraktive Touristengegend entwickelt, das wasserwirtschaftliche Projekt spielt inzwischen nur noch eine Nebenrolle. Gelungen ist auch die Zusammenarbeit mit dem Bund für Vogelschutz, der entgegen aller Anfangserwartungen ein einzigartiges Vogelschutzgebiet mit großer Auenlandschaft betreut. Die Vogelinsel am Altmühlsee (siehe Seite 124) hat sich zu einem Paradies der Vogelbeobachtung entwickelt und ist Zwischenstation für eine Vielzahl seltener Zugvögel.

Durch das Umdenken im Hochwasserschutz, eine schleichende Klimaveränderung, die technischen Entwicklungen im industriellen Sektor mit verbessertem Umweltschutz und modernen Wasseraufbereitungsanlagen wäre das Seenland aus heutiger Sicht nicht mehr erforderlich. Als touristisches Erholungs- und Urlaubsgebiet dagegen hat es das Erscheinungsbild und Leben einer ganzen Region verändert.

Erfolgen Pläne?
Unbehausung vor der Mauelle
Gesicherte Begegnung
Strom aus Wasserkraft
Lösung der Abwasserprobleme
Rollt die Blechlawine?
Neue Fischgewässer
Bessere Wasserqualität in den Flüssen
Überfremdung?

Perspektiven für die Jugend

Neue Arbeitsplätze

Wetteränderung durch die Seen?

Steigende Preise?

Hochwasserschutz

Verlust der alten Mühlen?

Adresse Mandlesmühle 1, 91785 Pleinfeld-Mandlesmühle | **Anfahrt** B 13 Gunzenhausen, B 466 Richtung Schwabach, der Ausschilderung Pleinfeld St 2222 folgen, nach Pleinfeld B 2 Richtung Roth, nächste Abfahrt raus Richtung Pleinfeld, WUG 18 Richtung Stirn, der Ausschilderung folgen bis zum Parkplatz. Von da geht es zu Fuß zum Informationszentrum. | **Öffnungszeiten** Mai–Sept. täglich 10–16 Uhr, Filmvorführungen für größere Gruppen nach Voranfrage möglich, Auskunft: Seemeisterstelle Brombachsee, Tel. 09144/92110 | **Tipp** Direkt um die Ecke ist eine erfrischende Kneippanlage.

67__Die Bergkapelle

Ein Ufo zwischen Himmel und Erde

Ein lächelnder Christus am Kreuz, mit gestreckten Fingern das Siegeszeichen andeutend? Und wer tritt munter ausschreitend aus der linken Seitenwand heraus? Das Innere dieser Kapelle verwundert ebenso wie die fremdartige Architektur des Bauwerks. Wer vom unteren Seeufer den Berg hinaufschaut, glaubt, ein gelandetes Ufo entdeckt zu haben. Vielleicht ist es das in gewisser Weise. Ein wundersames Zeichen zwischen Himmel und Erde, einfach und klar in der Aussage, hoch auf der Hügelkette gelegen mit weitem Blick über den Brombachsee. Die Kapelle wurde nach 25 Jahren Flurbereinigungsverfahren gebaut. In diesen Jahren entstand der Brombachsee, und damit begann in gewisser Weise auch eine neue Zeitrechnung für die angrenzenden Orte. Grundstücke, Wegenetze, Waldflächen und die gesamte gewachsene Ortsstruktur wurden unter dem Eindruck des gewaltigen Projektes der Seenflutung auseinandergenommen, diskutiert, umstrukturiert und am Ende eines langen Prozesses wieder neu zusammengesetzt. Als Schlusspunkt dieser Mühen steht heute die Jakobuskapelle und schaut hinunter auf das geschaffene Werk. Viele, viele freiwillige Hände packten mit an, und im Oktober 2000 wurde das kleine Gotteshaus in einem ökumenischen Gottesdienst feierlich eingeweiht. Wesentlich eindrucksvoller als das ursprünglich geplante Holzkreuz lädt es zum Innehalten und Verweilen ein.

Für Pilger nach Santiago de Compostela hält die Kapelle eine besondere Aufmunterung bereit. Immerhin sind es von hier noch 2.500 Kilometer zum Wallfahrtsort. Der heilige Jakobus tritt als »Pilger durch die Zeiten« in wetterfester Wanderkleidung, gerüstet mit Stab und Rucksack, aus der linken Seitenwand heraus. Munter schreitet er Richtung Westen, seinem Ziel im fernen Spanien entgegen. Und der lächelnde Christus am Kreuz macht zuversichtlich das Siegeszeichen. Als wüsste er, dass alle Wanderer letztlich ihr Ziel erreichen werden.

Adresse Bergkapelle, Am Weinberg, 91785 Pleinfeld-Ramsberg | **Anfahrt** B 13 bis
Gunzenhausen-Schlungenhof. B 466 Richtung Schwabach, am Ende des Gewerbe-
gebietes der Ausschilderung Pleinfeld St 2222 folgen über Langlau bis Ramsberg.
Vom Brunnen in der Ortsmitte dem Wegweiser »Bergrundgang« folgen, der Weg zur
Kapelle ist ausgeschildert. Das letzte Stück auf der Höhe ist nicht befahrbar. | **Tipp** Bei
Ramsberg gibt es zwei anspruchsvolle Strecken für Inlineskater (Infos im Prospekt
»Skaten im Fränkischen Seenland« über den Tourismusverband Fränkisches Seenland,
Tel. 09831/500120).

68 Die Sternwarte

Hier leuchten die Sonnen im Sternenzelt

Hier oben, hoch über dem Brombachsee, gibt es sie noch, die echte tiefschwarze Dunkelheit der Nacht. Wer sich mit der Taschenlampe über den Feldweg herangetastet hat und dann im Observatorium der Sternwarte den Blick zum Himmel richtet, sieht erst mal gar nichts. Die Pupille streikt. Ganz langsam schimmert dann am schwarzen Nachthimmel ein Lichtpunkt auf. Ein zweiter folgt. Und dann kommt das große Staunen. Wer jetzt noch den Großen Wagen entdeckt, spürt garantiert das berauschende Gefühl aus der Kindheit in der Magengegend kribbeln. Der schwarze Himmel erscheint auf einmal durchlöchert wie ein Sieb und ist über und über mit Licht- und Sternenpunkten wild gesprenkelt.

Hier oben wird oft gen Himmel geblickt, durch die Nord-Süd-Ausrichtung der Sternwarte lassen sich während des gesamten Jahresverlaufs Planeten, Kugelsternhaufen, Millionen Sonnen und ferne Galaxien wunderbar beobachten. Wer allerdings mächtige Fernrohre oder eine hohe Glaskuppel erwartet, wird enttäuscht sein. Etwas unscheinbar liegt das von den Vereinsmitgliedern in vielen Arbeitsstunden selbst erbaute Häuschen nahe am Waldrand. Wer näher kommt, entdeckt die Informationen am Eingang und erfährt alles über Baugeschichte und Aktivitäten des Vereins. Im Gegensatz zu vielen anderen Sternwarten ist diese hier mit einem Schiebedach ausgestattet und bietet bis zu 30 Sternenfindern Platz. Seit 2001 gibt es die Sternenfreunde in Ramsberg, regelmäßig werden Sternbeobachtungen angeboten.

Sie folgen einem großen Vorbild: Bereits 400 Jahre vor ihnen entdeckte der im nahe gelegenen Gunzenhausen geborene deutsche Astronom Simon Marius (10. Jan. 1573 – 26. Dez. 1624) etwa zeitgleich mit Galileo Galilei die Jupitermonde. Auf dem kleinen Schlossplatz in Ansbach erinnert ein Bodendenkmal an diese Entdeckung, die Simon Marius als Hofastronom vom Schlossturm aus gemacht haben soll.

Adresse Sternenfreunde Brombachsee e. V., Am Weinberg, 91785 Pleinfeld-Ramsberg, www.sternenfreunde-brombachsee.de | **Anfahrt** B 13 Gunzenhausen, B 466 Richtung Schwabach, der Ausschilderung Pleinfeld St 2222 folgen, nach Pleinfeld B 2 bis Ramsberg. Vom Brunnen in der Ortsmitte dem Wegweiser »Bergrundgang« folgen. Am Ende des befestigten Weges das Auto stehen lassen, für die letzten Meter zu Fuß nachts eine Taschenlampe mitnehmen. Linker Hand geht's zur Sternenwarte. | **Öffnungszeiten** nach Voranmeldung über die Homepage | **Tipp** Die etwas andere Zaubernacht am Brombachsee mit Musik und Lasershow gibt es erstmals ab April 2015, Termine unter Erlebnisschifffahrt Brombachsee, Lux-Werft u. Schifffahrt GmbH, Am Anger 10 (Tel. 09144/927050).

69 _ Die Wallfahrt nach Heiligenblut

Wiederentdeckung eines versunkenen Pilgerweges

Das Kunstwerk am Brombachsee ist eines von sechs Werken, die im Rahmen der Reihe »Kunst am Bau« entstanden sind. Es ist zum Denkmal mit Eigenleben geworden, haben doch die Steine eine alte Legende und ein Stück örtliche Geschichte wieder neu zum Leben erweckt: »Ein armer christlicher Taglöhner hat während einer Hungersnot eine geweihte Hostie in der Kirche von Stirn gestohlen. Befohlen hat ihm dies ein reicher Jude. Der Hostienfrevel fliegt auf. Der Holzhacker wird enthauptet, der Jude konvertiert zum Christentum. Bevor er jedoch getauft werden kann, wird er vom Blitz erschlagen.« Die Legende, die der Wallfahrt zugrunde liegt, hat ihren Ursprung im Mittelalter und greift den Konflikt zwischen Judentum und Christentum auf, die jüdische Bevölkerung wurde damals etwa zeitgleich aus dem katholischen Eichstätt vertrieben. Als Wiedergutmachung für den Hostienfrevel wurde erst eine Martersäule, später eine Sühnekapelle errichtet, und es begannen etwa ab 1441 bis zur Säkularisierung im Jahr 1803 die Wallfahrten von Gläubigen aus der gesamten Region. Die Pilger trafen sich in Ramsberg und zogen gemeinsam durch das Brombachtal nach Heiligenblut. Mit der Flutung des Tales versank auch der Weg, nicht jedoch die Erinnerung.

Symbolhaft wird der Weg in der Spiralwindung einer Stele aufgegriffen, ein kleines Guckloch inmitten der Metallplatte lässt ein großes Kreuz am anderen Ufer erkennen. Dort führt der Weg weiter durch den Wald. Da Pilgerwege nach wie vor eine magische Anziehungskraft besitzen, wurde 2005 auch dieser als touristenattraktive Schiffswallfahrt wiederbelebt und findet bis heute einmal im Jahr statt. Die Sühnekapelle und das später entstandene Franziskanerkloster in Heiligenblut gibt es heute längst nicht mehr, 1810 wurde alles versteigert und abgerissen.

Adresse nahe des Segelhafens am Uferweg, 91785 Pleinfeld-Ramsberg, Info: Tel. 09144/926436 | **Anfahrt** B 13 bis Gunzenhausen-Schlungenhof, B 466 Richtung Schwabach, am Ende des Gewerbegebietes der Ausschilderung Pleinfeld St 2222 folgen über Langlau bis Ramsberg, Richtung Segelhafen orientieren, Parkplätze bei der Freizeitanlage direkt am See, auf dem Spazierweg nach Westen orientieren, in einigen hundert Metern liegt das Kunstwerk direkt am Ufer | **Tipp** Eines von insgesamt sechs Kunstwerken am Brombachsee ragt am gegenüberliegenden Ufer mit einem eleganten Bogen ins Wasser und zeigt durch natürliche Ablagerungen die unterschiedlichen Wasserstände an.

70___Die Mindorf-Trasse

Verwitterte Bausünden des Main-Donau-Kanals

Der Kanalbau zur Verbindung zwischen Main und Donau hat vielfältige Spuren hinterlassen. Im Ort Graben bei Treuchtlingen werden heute die Baumstämme aus dem Jahr 793 untersucht, die Karl der Große beim Versuch des Baus seiner »fossa carolina« zurückgelassen hat. Der »Alte Kanal«, den König Ludwig I. von 1836 bis 1845 baute und der als »Ludwigskanal« als erster brauchbarer Schifffahrtsweg zwischen Rhein, Main und Donau genutzt wurde, ist heute über viele Kilometer eine überaus idyllische Fahrrad- und Wanderstrecke am Wasser entlang.

Auch der dritte große Versuch, eine Wasserstraße als echte Alternative zu den bisherigen Verkehrswegen zu schaffen, hinterließ Spuren. Zwei Brückenpfeiler nördlich von Pyras erinnern an die ersten Planungen, die von der 1921 gegründeten Rhein-Main-Donau-AG bis in die 60er Jahre umgesetzt werden sollten. Hier sollte der Minbach durch die noch erkennbare Durchlassröhre geleitet werden und eine nicht fertig gebaute Brücke die neue Straße über den Kanal hinwegführen. Der Beton ist längst verwittert, die Natur hat die frühere Baustelle gnädig überwuchert, und die Bruchstellen im Stein zeigen die Schönheit des Verfalls. Südöstlich von Mindorf zeugen die heutigen Fischweiher von der Probestauung für die Trasse.

Die sogenannte Mindorf-Trasse verlief südlich über Eckersmühlen, Hofstetten, Pyras, Mindorf und Lay nach Sulzkirchen. 1939 wurde ihre Durchführung vorbereitet. Wälder wurden abgeholzt, Felder und Wiesen vermessen und abgesteckt. Aufwendige Bodenuntersuchungen sollten die Fragen zur Abdichtung des Kanalbettes klären.

1942 verlor der Kanalbau an Bedeutung, in den Kriegsjahren wurden andere Probleme dringender. Baumaterial stand für dieses Projekt nicht mehr zur Verfügung und Arbeiter schon gar nicht. Jetzt zeigt eine virtuelle Rekonstruktion auf einer Infotafel, was aus den Bauresten hätte werden sollen.

Adresse Kanaltrasse mit Informationstafeln, 91177 Pyras-Thalmässing | **Anfahrt** A9 Ausfahrt Hilpoltstein Richtung Pyras, in Pyras Richtung Mindorf, kurz nach dem Ortsausgang sind die Bauruinen in der Wiese zu sehen | **Tipp** In der nahe gelegenen Pyraser Landbierbrauerei sind Führungen durch die Brauerei nach Terminabsprache möglich (www.pyraser.de).

71 __ Das Fabrikmuseum Roth

Wie die Fadenscheinigkeit ihren Namen bekam

Auf den ersten Blick: eine große Fabrikhalle mit einer unübersehbaren Menge an Webstühlen in allen Größen, Metallspulen in schimmernden Farben und dekorativen goldfunkelnden Schmuckbändern. 2003 wurde dem Fabrikmuseum der Bayerische Museumspreis für nichtstaatliche Museen verliehen, und darauf können die Mitglieder des Historischen Vereins Roth durchaus stolz sein. Einige der hölzernen und einwandfrei laufenden Webstühle sind mehr als 100 Jahre alt. Hier braucht es echtes Fachwissen und Fingerfertigkeit, um jeden einzelnen der dünnen Fäden auf den richtigen Weg zu bringen. Feine Flecht- und Webstühle verarbeiten Garne mit dünnen Drähten zu Bändern, Borten, Tressen und Uniformeffekten, aber auch zu Gold- und Silberbordüren für kunstvolle sakrale Gewänder. Rund 100 bis 125 Kilogramm Silberdraht mit echter Goldumwicklung werden alljährlich nach Arabien geliefert und dort in das schwarze Tuch der Kaaba in Mekka verwebt. Etwas profaner ist die Verarbeitung von dünnem Kupferdraht in guter alter Stricklieselmanier. Stückweise abgeschnitten und strumpfähnlich aufgerollt hält man einen praktischen Topfreiniger in Händen. Endlich erklärt sich auch die Herkunft des Wortes »fadenscheinig«: Manche Maschinen umzwirbeln mit schnellen Rotationen einen textilen Trägerfaden mit geplättetem Draht. Schimmert der Trägerfaden noch hindurch, ist die Zwirbelei eindeutig zu sparsam ausgefallen.

Die Grundlagen der Leonischen Waren legte um 1569 der Hugenotte Anthoni Fournier, der aus seiner Heimat Lyon das Drahtziehergewerbe nach Nürnberg brachte. Mit seinem Sohn George Fournier kam 1574 das Handwerk nach Roth (siehe Seite 152). Von der manuellen Auftrags- und Heimarbeit haben sich im Zeitalter der Industrialisierung die Leonischen Werke zu einem wichtigen Industriezweig entwickelt. Gut, dass im Fabrikmuseum die Faszination der manuellen Faden- und Drahtzieherei noch heute erlebbar ist.

Adresse Historischer Verein Roth e. V., Fabrikmuseum, Obere Mühle 4, 91154 Roth, www.fabrikmuseum-roth.de | **Anfahrt** A9 Abfahrt Roth oder A3 Abfahrt Roth, auf der St2409 vorbei an der Kulturfabrik und Touristeninformation bis zur Ausschilderung Fabrikmuseum | **Öffnungszeiten** März–Nov. Sa, So 13.30–16.30 Uhr, in den Sommerferien auch Mi 13.30–16.30 Uhr | **Tipp** Empfehlenswert ist ein Historischer Rundgang durch Roth. Infos an der Touristenzentrale, Hauptstraße 1 (Tel. 09171/848513).

72__Der Gauklerbrunnen

Als die Freiheit noch einen Gulden kostete

Eine filigrane Leichtigkeit geht von dem Handstandläufer aus, wie er da mit abgewinkelten Beinen auf dem Kopfsteinpflaster entlangbalanciert. Im Hintergrund der enge Rahmen mit der Silhouette, dem er gerade noch rechtzeitig entsprungen zu sein scheint, um nun eine neue Sicht auf das Leben zu gewinnen. Er hat auch wirklich Glück gehabt, der stählerne Unbekannte. Zumindest im Mittelalter, als Roth noch Asylstadt war und damals in ganz Franken eine Sonderstellung einnahm.

Wer es bis in den geschützten Bezirk – die Freyung – innerhalb der Stadtmauern von Roth schaffte und direkt Aufnahme in das Asyl beantragte, konnte nach Zahlung des Freyungsguldens zunächst ein Jahr in der Stadt bleiben. Hier fand er Schutz vor Racheakten, konnte in Verhandlungen treten oder vor Gericht seine Unschuld beweisen. Dieser Schutz des kaiserlichen Asylrechtes bestand bis zum Jahre 1797. Und Roth hat nicht schlecht von dieser Sonderregel profitiert. So mancher Flüchtling siedelte sich dauerhaft mit Hab und Gut an, erwarb das Bürgerrecht und eröffnete einen neuen Gewerbezweig.

Einer von ihnen war Georg Fournier, der Sohn eines nach Franken ausgewanderten hugenottischen Drahtziehers aus Frankreich. Er konnte 1574 aus dem Nürnberger Schuldturm in die Rother Freyung entkommen, erwarb nach einem Jahr das Bürgerrecht und etablierte einen bis heute für Roth charakteristischen Wirtschaftszweig, die Fabrikation leonischer Drahtwaren (siehe Seite 150).

Der Brunnen entstand nicht ohne Hintersinn: Recycelt aus dem Material eines alten Bierkühlers einer ehemals dort ansässigen Brauerei, verleiht die Positiv-Negativ-Skulptur den zwiespältigen Gefühlen bei der Begegnung mit den in der Freyung lebenden Menschen Ausdruck.

Der Sieh-dich-Für-Weg erinnert noch an die Begrenzung der Freistatt und ist heute Teil des Fußweges entlang der Stadtmauer.

Adresse Stadtmauer An der Freyung, 91154 Roth | **Anfahrt** A9 Abfahrt Roth oder A3 Abfahrt Roth, Auto in einem der Parkhäuser abstellen und Richtung Marktplatz laufen. Am nördlichsten Ende führt zwischen Einkaufspassage und Eisdiele ein Durchlass in der Stadtmauer zum Gauklerbrunnen. | **Tipp** Das Riffelmacherhaus am Marktplatz gehört zu den schönsten Fachwerkhäusern Frankens.

73 Der Zeitläufer

Ein Balanceakt über der Hauptstraße

Vollkommen unbeeindruckt vom Straßenverkehr unter ihm hält er den Blick konzentriert nach vorne gerichtet und balanciert mit durchscheinender Leichtigkeit auf einem imaginären Seil vor der Kulturfabrik entlang. Der Zeitläufer hat sich einen ungewöhnlichen Platz zur Ausübung seiner Kunst ausgesucht: hoch über den auf der Hauptstraße entlangrauschenden Autofahrern und den vorbeihastenden Fußgängern. Genau diese Strömungen will die Künstlerin Stefanie Welk mit ihrem Werk verdeutlichen. Die allgegenwärtige Vernetzung des Menschen macht eine Abgrenzung zur Umgebung unmöglich, alles geht ineinander über. Das offene Drahtgeflecht der Skulptur drückt zugleich Auflösung durch die chaotische Umgebung als auch die Suche nach Identität aus. Häufig unbemerkt ist sie Teil ihrer Umgebung. Das Drahtgeflecht zeigt die Verbindung zu den Leonischen Drahtwerken, und mit dem 950-jährigen Stadtjubiläum bot sich ein guter Anlass, die Skulptur ins öffentliche Leben zu entlassen. So passen Standort und Skulptur wieder zusammen.

Die Kulturfabrik ist in ihrem Ursprung eine 1908 erbaute Galvanisierungshalle der Leonischen Drahtwerke AG, die in den 70er Jahren stillgelegt wurde. Im Rahmen der Altstadtsanierung wurde die ehemalige Industriehalle umgewandelt in ein Bürger- und Veranstaltungshaus. Der Kunstgriff, den Flair der schlichten, funktionalen Fabrikarchitektur durch vorsichtig eingefügte Gestaltungselemente zu erhalten und ein anerkanntes Zentrum der kulturellen Vielfalt zu schaffen, ist gelungen. Spätestens die Rother Bluestage haben die Rother Kulturfabrik über die Grenzen hinweg bekannt gemacht. Daher nutzt der Zeitläufer die Glasfassade und die rote Backsteinwand als Ausgangspunkt seines Weges. Die mächtige industrielle Vergangenheit, umgewandelt in moderne, kulturelle Vielfalt, im Rücken, wagt er mit konzentriertem Blick auf den Weg vor sich die Schritte in die Zukunft.

Adresse Kulturfabrik Roth, Stieberstraße 7, 91154 Roth, Tel. 09171/848711, kulturfabrik@stadt-roth.de | Anfahrt A9 Abfahrt Roth oder die A3 Abfahrt Roth, der St2409 folgen Richtung Touristeninformation beziehungsweise Kulturfabrik | Öffnungszeiten siehe Veranstaltungskalender im Internet | Tipp Im Schloss Ratibor ist die Touristeninformation untergebracht. Eine Besichtigung von Ratibor ist absolut empfehlenswert.

74__Der Industrieort

Wie eine Mühle zum industriellen Zentrum wurde

Kaum zu glauben, aber jahrhundertelang drehte sich im Ortsteil Barnsdorf alles um eine einzige Mühle. Die Landwirtschaft brachte auf dem Sandboden nicht viel ein, das Mahlwerk der Mühle jedoch konnte durch den konstanten Antrieb des Wasserrades tagaus, tagein arbeiten. Als die Mühle 1875 in den Besitz von Carl Schlenk von Georgenthal kam, war die Zukunft von Barnsdorf hin zu einem – wenn auch sehr kleinen – Industrieort mit heute immerhin 55 Einwohnern vorbestimmt. Der erfahrene Geschäftsmann handelte: 1892 errichtete er eine Aluminiumschlägerei und eine Aluminium-Bronzefabrik. Nur fünf Jahre später lief die Produktion von Bronzefarben so hervorragend, dass die Herstellungswerke in »Bronzefarbenwerke-Aktiengesellschaft vormals Carl Schlenk« umbenannt wurden.

Nach 1900 errichtete Schlenk ein Zweigwerk zur Bronzepulverherstellung in den USA, das jedoch nach Ende des Ersten Weltkrieges enteignet wurde. Wie viele Unternehmen hatten auch die Bronzefarbenwerke mit der Zeit der Währungsinflation und Weltwirtschaftskrise Ende der 20er Jahre zu kämpfen, seit 1957 tragen sie den Namen »Carl-Schlenk-A.G.«.

Mehr als 700 Mitarbeiter hat das Unternehmen heute. In einer besonderen Situation leben die rund 55 Barnsdorfer Einwohner, für die über viele Jahre hinweg in ihrem Ort Lebens- und Arbeitsumfeld zusammengewachsen sind. Große Hallen und moderne Firmengebäude prägen den Ort auf der einen Seite der Hauptstraße, auf der anderen ziehen sich Parkflächen und Wohnhäuser entlang. Nach wie vor ist Schlenk ein familiengeführtes Unternehmen. Der Gründer Carl Schlenk führte 1890 eine eigene Betriebskrankenkasse ein, die heute zu den ältesten Einrichtungen in Mittelfranken gehört, und initiierte den sozialen Wohnungsbau für seine Arbeiter. Und das alles konnte nur geschehen, weil eine einfache Mühle vor rund 150 Jahren den Besitzer wechselte.

Adresse Barnsdorfer Hauptstraße 5, 91154 Roth-Barnsdorf | **Anfahrt** A9 Abfahrt Roth oder die A3 Abfahrt Roth, über die Hauptstraße in die Münchner Straße Richtung B2, vorher rechts abbiegen auf die Georgensgmünder Straße Richtung Barnsdorf/Bernlohe | **Tipp** Ein anderer Industriezweig – der des Hammerschmiedens – ist heute im eindrucksvollen Museum Historischer Eisenhammer, Roth-Eckersmühlen, zu erleben (Tel. 09171/4784). Hier werden auch Schmiedekurse durchgeführt.

75 Das Schleusenplateau

Fernweh am Main-Donau-Kanal

Seitlich der Schleuse führen Treppen hinauf auf die Besucherplattform. Es lohnt sich, hier oben auf das nächste Schiff zu warten, meist dauert es gar nicht lange bis zum nächsten Schleusenvorgang. Während man wartet, können sich die Gedanken von der etwas nüchternen Atmosphäre lösen und auf Reisen in fremde Länder gehen: entweder stromaufwärts an die Nordsee nach Rotterdam und Antwerpen oder – stromabwärts in die andere Richtung – hinunter zur Mündung ins Schwarze Meer. Oder auch nur in die weite fränkische Landschaft, die sich hinter den Baumgruppen öffnet.

Vorgänger des Main-Donau-Kanals ist der Ludwig-Main-Donau-Kanal, den Ludwig I. von Bayern innerhalb von neun Jahren (1836–1845) verwirklichte. Der Alte Kanal ist heute eine wahre Naturidylle, nur schifftauglich ist er nicht mehr. So entstand im September 1992 nach bald 30-jähriger Bauzeit der heutige Main-Donau-Kanal als Teil eines europäischen Wasserstraßennetzes.

Die von Hilpoltstein ferngesteuerte Schleuse Eckersmühlen gehört mit rund 25 Metern Hubhöhe zusammen mit den Schleusen in Leerstetten und Hilpoltstein zu den drei höchsten bisher in Deutschland gebauten Schleusen. Sie liegt mit 406 Metern über NN auf dem höchsten Punkt der 17 Kilometer langen Scheitelhaltung des Wasserweges, die das Mittelgebirge Fränkische Alb und die Europäische Hauptwasserscheide überquert. Neben seiner Funktion als Verkehrsweg ist der Kanal Teil der Donau-Main-Überleitung, die das wasserarme Einzugsgebiet von Regnitz und Main mit Wasser aus den Flüssen Donau und Altmühl versorgt. So kann zur Wasserregulierung das von der Donau heraufgepumpte Wasser in den Rothsee eingespeist und in die Regnitz weitergeleitet werden.

Auffallend sind auch die regelmäßig angeordneten Schachtdeckel auf der Straße der Schleusenbrücke. Sie sind Relikte aus der Zeit des »Kalten Krieges«: Schächte für Trägerstecksperren, um die Durchfahrt zu verhindern.

Adresse Schleuse Eckersmühlen, Main-Donau-Kanal, 91154 Roth-Eckersmühlen | **Anfahrt** B2 Richtung Roth, bei Roth St 2220 Richtung Hofstetten/Eckersmühle, Abzweigung Schleuse/Heuberg | **Öffnungszeiten** Die Besucherplattform ist jederzeit über eine Treppe zu erreichen. | **Tipp** Im Kanalmuseum in Burgthann, Burgstraße 2, wird die beeindruckende technische Leistung der über 172 Kanalbaukilometer des Ludwig-Donau-Main-Kanals deutlich.

76__Der Seebühler Bauernladen

Brote aus dem Dorfbackofen

Brotteig braucht viel Zeit zum Aufgehen. Seit 1996 gehen daher jeden Freitag schon nachts um ein Uhr die Lichter in der Backstube in Seebühl an. Dann wird geknetet, gemischt und geformt, und der seit Donnerstag arbeitende Sauerteig verwandelt sich in wunderbare Brotlaibe. Je nach Sorte verschwinden diese in den Tiefen des aufgeheizten Holz- oder in einem der beiden Steinbacköfen. Der sich ausbreitende Duft lässt alle Müdigkeit schnell vergessen, und wenn die letzten Brote mit der breiten Brotkarre vom Ofen zum Laden geschoben werden, ist die Sonne schon längst aufgegangen.

Ingrid Seitz und Gisela Rückert lieben diese Momente. Beide haben jahrelang im landwirtschaftlichen Betrieb gearbeitet, Tag- oder Nachtschichten gehörten für sie zum Alltag. Die Flurbereinigung in den 90er Jahren brachte ihren Familien einige Veränderungen. Nachdem ein Jahr lang im eigenen Keller das Brotback-Projekt getestet wurde und dann erfolgreich in die nächste Phase übergehen konnte, kam der gerade wieder neu aufgebaute steinerne Dorfbackofen gerade recht. Seitdem sind Freitag und Samstag im Seebühler Bauernladen die stabilen Holzregale üppig gefüllt. Roggen-, Gewürz- und schwere Bauernbrote liegen neben leichten Weißbrotstangen, dazwischen herzhaftes Zwiebelbrot und Körnerbrote in allen Varianten und Größen. Jeder Laib hat das gewisse Etwas und ist – wie sich das für ein echtes Handwerkserzeugnis gehört – ein Unikat. Das Geheimnis liegt im Klopftest: Klingt der Brotlaib hell und hohl, ist er knusprig durchgebacken.

Soweit möglich, kommen die Zutaten aus der Region. Die Roggen- und Weizenkörner werden in einer Schweizer Mühle in Hilpoltstein zu feinem Mehl gemahlen, selbst die Kürbiskerne kommen vom Kürbisanbauer nahe Kammerstein. Dass es hier noch richtig hausgemachtes Brot gibt, hat sich längst herumgesprochen.

Adresse Seebühler Bauernladen, Eichelburger Hauptstraße 6, 91154 Roth-Eichelburg, www.seebuehler-bauernladen.de, Tel. 09176/5573 | **Anfahrt** B2 Richtung Roth, bei Roth St 2237 Richtung Allersberg, nach der Kanalüberquerung die Abbiegung Seebühl/ Eichelburg nehmen. Etwa 100 Meter nach Ortseingang liegen Backofen und Bauernladen linker Hand. | **Öffnungszeiten** Fr 9–18.30 Uhr, Sa 9–13 Uhr; zusätzlich am Rother Bauernmarkt, Marktplatz, Sa 8–12 Uhr, und in Pyrbaum, Bauernmarkt vor der Kirche, Fr 7.30–12 Uhr | **Tipp** Von Roth nach Hilpoltstein führt der wunderschöne, 39 Kilometer lange Mühlen-Wanderweg mit zum Teil noch aktiven Mühlen (Infos bei den Touristenbüros Roth oder Hilpoltstein).

77 _ Der Teufelsknopf

Die Sagen und Geschichten der Burg Wartstein

Und wieder einmal hatte der Teufel seine Hände im Spiel. Im roten Mantel einer Landknechtsuniform, mit großem Hut und wallender Feder trat er 1661 zwischen den Bäumen hervor und hin zu einem Wanderer aus Eckersmühlen, der an der Ruine Wartstein verweilte. Blut gegen einen Taler bot er ihm, als Antwort drohte ihm der tapfere Wanderer Prügel an. Wütend und lärmend verschwand der Teufel und verlor dabei einen Knopf seines roten Mantels. Seitdem trägt der sagenumwobene Ort den Beinamen »Teufelsknopf«.

Der Teufelsknopf ist ein Felsengebiet, auf dem einst die Burg Wartstein stand. Das machte Sinn, denn ganz nah, von Nürnberg her kommend, verlief der Handelsweg »Hohe Straße«. Vom Schöttleinsweiher, der einige hundert Meter Richtung Roth unterhalb der Burg liegt, führte eine breite Allee hinauf zur Burg. Vermutlich haben die Grafen von Wartstein, deren Geschichte ab dem Jahr 1284 belegt ist, die Burg bewohnt, bevor sie um 1460 niederbrannte. Die Anlage wurde noch einmal aufgebaut, bis sie 1632 von schwedischen Soldaten während des Dreißigjährigen Krieges erneut niedergebrannt wurde. Die übrig gebliebenen Trümmer waren in den Folgejahren begehrtes Baumaterial, um zerstörte Häuser und Ortschaften wieder aufzubauen.

Geblieben sind einige wenige mit Moos bewachsene Steinblöcke und ein romantisches Felsplateau inmitten eines dichten Waldgebietes. Besonders im Herbst rascheln die Blätter der Laubbäume so geheimnisvoll auf dem Waldboden, dass manch einer auf die Suche geht nach dem verborgenen Eingang des unterirdischen Ganges, der einst den Schöttleinsweiher mit der Burg verbunden haben soll. Gefunden hat ihn noch niemand, ebenso wenig wie die tiefblaue Blume, die hier nur in der Johannisnacht blüht und einen Herzenswunsch erfüllt.

Nicht weit entfernt steht ein einfaches helles Steinkreuz, das eine ganz eigene Sage zu erzählen weiß …

Adresse Burgruine Wartstein, 91154 Roth-Eichelburg | **Anfahrt** B 2 Richtung Roth, bei Roth St 2237 Richtung Allersberg, nach der Kanalüberquerung die Abbiegung Seebühl/Eichelburg nehmen. Vor der Abzweigung nach Eckersmühlen führt links ein Feldweg in den Wald hinauf zur Burg. Der Teufelsknopf lässt sich auch auf dem Seebühler Rundweg erwandern. Ausgangspunkt ist der Parkplatz in Birkach am Rothsee. | **Tipp** Vor Eichelburg liegt ein Spielplatz, der Ausgangspunkt für einen kleinen Heckenlehrpfad ist.

78__Die Goldbox im Stadtmuseum

Wo echte Hasenpfoten wichtiger sind als Blattgold

Wummm. Wummm. Wummm. Dröhnend fällt der zwölf Kilo schwere Eisenhammer im gleichbleibenden Rhythmus auf ein kleines Lederpäckchen. Genauso regelmäßig wird das Päckchen gedreht und gewendet, der Hammer wandert mal von der linken in die rechte Hand und wieder zurück. Allein vom Zuschauen tut dabei schon die Schulter weh. Dabei sitzen rund 40 Zuschauer gemütlich auf einer kleinen Tribüne und erleben in gerade einmal eineinhalb Stunden das, was jahrhundertelang in 130 Schwabacher Goldwerkstätten von frühmorgens bis in die Abendstunden hinein zum Alltag gehörte. Heute gibt es nur noch wenige echte Goldschläger. Ihnen erleichtert der Einsatz von Maschinen den ansonsten unveränderten Arbeitsablauf.

Wummm. Treu nach historischen Vorgaben erlebt man hautnah mit, wie sich ein Barren Gold in hauchdünnes Blattgold verwandelt. Sorgsam werden »Goldnuggets« abgewogen und dann zu einem etwa einen Zentimeter dicken Barren gegossen. Der wird so oft in die Mangel genommen, bis am anderen Ende ein goldenes Band dünn wie Zeitungspapier herauskommt. Daraus werden kleine Quadrate von circa zwei mal zwei Zentimetern geschnitten, die zwischen noch feineres Montgolfier-Papier gelegt werden. Immer 500 Blättchen werden zu Lederpäckchen verpackt – und dann wird von der 1910 eingeführten Schlagmaschine fünfmal pro Sekunde zugeschlagen. Die viermal so großen Blättchen werden wieder geteilt und zwischen hauchzarte Trennhäutchen gelegt. Diese sind aus der Hülle des Rinderblinddarms und wertvoller als das fertige Goldblättchen. Deswegen werden sie nur mit einer echten Hasenpfote gesäubert – weil die hauchzart auch feinsten Staub wegzaubern kann. Tierschutz hin oder her. Wummm.

Schwabacher Gold glänzt sogar von einem Lesepult im Petersdom in Rom und strahlt hoch oben von der Berliner Siegessäule.

Adresse Museumsstraße 1, 91126 Schwabach | **Anfahrt** A6 Nürnberg–Heilbronn bis Schwabach Süd, B2/Rother Straße stadteinwärts, nach der Bahnhofsunterführung rechts: Weißenburger Straße – Fürther Straße – Ansbacher Straße – Museumsstraße (ehemalige Kaserne) | **Öffnungszeiten** Mi–So und Feiertage 10–18 Uhr, offene Führungen jeden 1. Sa im Monat 10, 14 und 16 Uhr, zusätzliche Termine unter Tel. 09122/860241 im Tourismusbüro anmelden | **Tipp** Goldblättchen gibt's im Museumsladen am Eingang. Ebenso Goldiges zur Verzierung für selbst gemachte Pralinen oder rustikal in der Bratensauce.

79__La Maison de la Provence

Eine Tour de France der Sinne

Das ist das Schöne an internationalen Städtepartnerschaften. Auf einmal liegt Frankreich mal kurz um die Ecke. Blau-weiß-rote Fähnchen flattern fröhlich in der Luft, am Eingang hängen sonnig-helle Tischdecken mit Zitronen oder frisch-grünem Olivenmuster, wie sie im Süden Frankreichs so oft auf den Tischen zu sehen sind. Und das farbenfrohe Plakat »La Maison de la Provence« im Schaufenster sticht so deutlich hervor, dass es selbst bei Regenwetter ein kleines Urlaubsfeeling hervorkitzelt. Im Innern erwarten den Kunden einfache Holzregale beladen mit Spezialitäten und Köstlichkeiten aus allen Regionen Frankreichs. Allein die kunstvollen Verpackungen der Savon de Marseille und ihre verschiedenen Duftnoten verlangsamen sofort die Schritte.

Einst trieb die Neugier auf Deutschland Monsieur Christian nach Schwabach, nach wie vor ist er aktiv im deutsch-französischen Partnerschaftskomitee und mit seinem Maison familiärer Treffpunkt für frankophile Freunde zwischen Fürth, Erlangen, Nürnberg und Ansbach. Ohne ein freundliches Wort geht hier keiner wieder weg. In langen Jahren hat Monsieur Christian ein Netzwerk zu kleinen Fabriken und Handwerkern in ganz Frankreich vom Elsass bis nach Korsika geknüpft. In seiner Maison finden sich Spezialitäten aus allen französischen Regionen, wie die Gläser aus der ältesten Glasmanufaktur Frankreichs oder das beliebte Eau de Parfum aus Grasse. Ein Herumschlendern zwischen all den Köstlichkeiten ist eine Tour de France für die Sinne, und spätestens bei den kleinen weißen Nougatwürfeln und französischen Trüffelstückchen ist ein Zwischenstopp unvermeidbar. Manchmal finden sich echte Überraschungen, wie das zart duftende Bügelwasser aus der Tradition de Provence. Manchmal reicht aber auch ein guter französischer Wein, um sich über Gott und die Welt zu unterhalten. Denn Frankreich liegt nur kurz um die Ecke.

Adresse Fleischbrücke 3, 91126 Schwabach | **Anfahrt** A6 Ausfahrt Schwabach Richtung Stadtzentrum, zu Fuß zum Rathaus auf den Marktplatz, vom Rathaus in nördlicher Richtung sind es nur wenige Meter zur Fleischbrücke | **Öffnungszeiten** Mo–Fr 9–18 Uhr, Sa 9–16 Uhr | **Tipp** Auf dem Nürnberger »Weihnachtsmarkt der Partnerstädte« ist Monsieur Christian vier Wochen lang als Ansprechpartner für Nizza dabei.

80 Das Museum HopfenBierGut

Die interaktive Hopfen-Erlebniswelt

Diese Entwicklung hätte sich das altehrwürdige Kornhaus am Rande der Spalter Altstadt nicht träumen lassen. Als Zehentstadel der Fürstbischöfe von Eichstätt wurde es 1457 errichtet. Entsprechend dem Wohlstand des Ortes hat das Gebäude eine Länge von stattlichen 36 Metern, eine Breite von 13 Metern und ist 20 Meter hoch. Die Höhe kam der Stadt Spalt als späterer Eigentümerin gerade recht, als sie bis 1984 das Kornhaus als Hopfenlager und Hopfensignierhalle nutzte. Im Frühjahr 2015 konnte nach langer Sanierung und Planungsphase endlich die Hopfen-Erlebniswelt auf drei Ebenen eröffnet werden. Die faszinierende Architektur des Kornhauses bildet dazu die perfekte Kulisse, erhalten blieb auch der blaue Farbanstrich der alten Holzbalken, durch den das Grün der gelagerten Hopfen besonders schön zur Geltung kommt.

Der Hopfenanbau bestimmte von Anfang an den Lebensrhythmus der Spalter Bewohner, Bierbrautraditionen und wertvolles Brauchtum kennzeichnen das Leben in der Stadt. Beeindruckende Inszenierungen zeigen beispielsweise heutige Anbaumethoden und stehen im Kontrast zu historischen Aufnahmen, auf denen stolze Mistträger von 1919 zu sehen sind. Der Hopfenanbau und -verkauf, die Weiterverarbeitung und der gesamte Brauprozess werden augenzwinkernd erzählt, interaktive Stationen erfordern eigenes Handeln, und spätestens im Erdgeschoss warten die ersten Bierproben.

Wer hier wieder herauskommt, wird unwillkürlich die schmalen Gässchen und Wege durch Spalt nach Spuren des Hopfenanbaus absuchen. Denn die Erlebniswelt zeigt keine graue Theorie – in Spalt sind Hopfenanbau und Bierbrautradition gelebter Alltag, und so ist der anschließende Spaziergang durch die schmalen Straßen entlang der hohen Fachwerkhäuser eigentlich nur eine weitere Entdeckungsreise unter ganz realen Bedingungen.

Adresse Museum der Stadt Spalt, Gabrieliplatz 1, 91174 Spalt, Tel. 09175/79650, www.hopfenbiergut.de | **Anfahrt** A 6 Ausfahrt Schwabach West, B 466 Richtung Wassermungenau, in Wassermungenau abbiegen Richtung Spalt | **Öffnungszeiten** Di–So 10–17 Uhr | **Tipp** Zur Erntezeit von Mitte August bis Ende September wird im Museumshopfengarten hinter der Stadtbrauerei in der Bahnhofstraße das Große Hopfengartenfest gefeiert.

81 Der Pfarr- und Apothekergarten

Heilmittel des »Kleinen Mannes«

Hinter dicken Mauern liegt der liebevoll angelegte Apotheker- und Kräutergarten im Herzen der Spalter Altstadt. Beim Öffnen des Eisentores schweift der Blick über die Sitzbänke im Pavillon, verweilt im kleinen Nutzgarten und gleitet dann weiter zum Kräutergarten, von dem zahlreiche Insekten Besitz ergriffen haben und von Blüte zu Blüte summen. Große, mächtige Bäume bieten Schatten und halten die intensiven Sonnenstrahlen auf Abstand. Die Pflanzbeete sind in zehn Wirkungsbereiche eingeteilt, beim Herumschlendern zwischen ihnen greift die Hand instinktiv nach den Blättern, zerreibt sie zwischen den Fingern, und die Nase schnuppert suchend im sich entfaltenden Duftschleier. Beigefügte Schilder erläutern die Wirkungskraft, und manchmal verweisen bereits Namen wie Beinwell, Herzgespann und Frauenmantel auf die zu heilenden Körperleiden. Erinnerungen werden wach, haben doch die Großeltern oft von der Pflanzenmedizin erzählt und neben der stärkenden Hühnerbrühe dem ein oder anderen Kraut ihre Gesundwerdung anvertraut.

Mädesüß, Zimbelkraut und Teufelskralle sind starke Namen mit geballter Wirkkraft, die hier aus der Vergessenheit gerettet werden. Und wenn Speierling, Elsbeere oder die Schwarze Maulbeere zu buschigen Sträuchern und großen Bäumen herangewachsen sind, können ihre Früchte nach alten Rezepten zu Marmeladen, Schnaps oder Gelees verarbeitet werden. Auf den Sitzbänken im Pavillon werden Erfahrungen ausgetauscht und das Ortsgeschehen beredet, ein Buch gelesen oder der Arbeit von »Fräulein Hanna« im Gemüsegarten zugeschaut. Und wer auf dem Bänkchen an der Stadtmauer zwischen all den Kräutlein unbemerkt in Raum und Zeit versunken ist, den holt der Duft des großen Hopfen-Rosenbogens bald zurück in die traditionsreiche Hopfen- und Bierstadt Spalt.

Adresse Herrengasse 10, 91174 Spalt | **Anfahrt** B 466 Richtung Wassermungenau, in Wassermungenau abbiegen Richtung Spalt. Der Hauptstraße bis zur großen St.-Emmeram-Kirche folgen. Das Eingangstor zum Garten liegt östlich der Kirche in einer großen Mauer. | **Öffnungszeiten** April–Okt. öffentlich zugänglich, Führungen möglich unter Tel. 09175/79650 | **Tipp** Nicht weit weg, hinter der St.-Nikolaus-Kirche, wartet der Nikolausgarten mit seinem eher meditativen Charakter auf Besucher.

82_Das Spalter Kräuterlädchen

Theke auf und Kräuter raus

Fast wäre man vorbeigefahren. »Kräuterlädchen«, steht auf dem schlichten Schild am Straßenrand, ein hängender bunter Blumenkorb und üppiges Grün dahinter wecken die Neugier. Es ist wirklich nur ein Lädchen, zu dem der kleine Fußweg unter dem Rosenbogen hindurchführt. Eine große Holzklapptheke, ein Körbchen mit Informationen und liebevoll arrangierte Gläschen, gefüllt mit Kräutervarianten aller Art. Beim Blick ins Innere wird deutlich, dass hier jemand mit viel Liebe zum Detail naturnahe Produkte selbst herstellt und sorgsam in handliche Flaschen, Dosen und Gläschen verpackt. Im Schatten neben dem Holzhäuschen sind Kräutertöpfe aufgestellt, die Pflanzen bieten Schmetterlingen und Insekten ein buntes Nahrungsangebot.

Die Kräuterpädagogin Margot Löffler hat vor einigen Jahren ihr Leben auf den Kopf gestellt. Kräuter und die Schätze der Natur gehören seitdem zu ihrem Alltag. Ihren Wissensschatz verpackt sie in Senfgläschen, geschmacksintensives Kräuterpesto, aromatische Essig- und Ölvarianten, Wohlfühl-Liköre und hilfreiche Hausmittelchen. Ganz klar, dass hier ein anderer Blick auf die Welt und die Natur gelebt wird. Deswegen wirkt das Lädchen ja auch so unerwartet anders. Wer sich auf das andere einlässt, erfährt im Gespräch mit Margot Löffler vieles über Pflanzen, die Wirkungen von Kräutern und die Besonderheiten, die die Natur in Spalt und seinem Hügelland bereithält. Auf Frühaufsteher wartet eine Sonnenaufgangswanderung mit Fußsohlenmassage beim Laufen über taunasse Wiesen. Die Ernte der Kräuterwanderungen wird direkt verarbeitet, im Winter ist Zeit für neue Kräuterverarbeitungen und -produkte. Die Ergebnisse zeigen sich im nächsten Sommer: Dann wird wieder die Fensterklappe im Lädchen geöffnet, die Theke eingehakt, alles hübsch in die Regale verteilt und am Straßenrand das Schild vom Spalter Kräuterlädchen aufgehängt.

Adresse Margot Löffler, Bahnhofstraße 3a, 91174 Spalt, Tel. 09175/9067954 | **Anfahrt**
B 466 Richtung Wassermungenau, in Wassermungenau abbiegen Richtung Spalt, in
Spalt der Rother Straße folgen Richtung Georgensgmünd, kurz nach der Kreuzung
kommt linker Hand das Kräuterlädchen | **Öffnungszeiten** während der gesetzlichen
Öffnungszeiten – Verkauf direkt im Laden oder am Wohnhaus klingeln | **Tipp**
Weniger gesund, dafür umso köstlicher sind die Backwaren der Bäckerei Salbaum im
Zentrum von Spalt, Spitzenberg 2. Hier liegen auch mal Spezialitäten nach Rezepten
aus Udmurtien zwischen typisch fränkischem Kleingebäck.

83__Der Spalter Kulturbahnhof

Wo Bahngleise enden und die Theaterwelt beginnt

1995 ist hier der letzte Zug abgefahren. Der Bahnhof, der etwas zurückgesetzt von der Hauptstraße außerhalb des Stadtkerns liegt, war viele Jahrzehnte lang ein wichtiger Reise- und Verkehrstreffpunkt. 123 Jahre lang fuhren hier Züge der »Dampfbahn Fränkische Schweiz e. V.« zwischen Spalt und Georgensgmünd hin und wieder zurück.

Zeugen der betriebsamen Vergangenheit kann entdecken, wer sich am Andreaskreuz vorbei auf die Rückseite der alten Bahnstation begibt. Verrostete Gleise liegen dort im zugewachsenen Schotterbett, ein entfernter Rammbock kennzeichnet das schon lange nicht mehr genutzte Abstellgleis. Verblasste Schriftzüge unterteilen den Bahnsteig in die Wartebereiche der ersten bis dritten Klasse. Scheinbar ist das Schnaufen der sich nähernden Dampflok zu hören und das Geräusch heraneilender Schritte. Zwei Waggons sind nach dem Schließen des Bahnhofes vergessen worden: der eine mit flacher Ladefläche, der andere ein geschlossener Güterwagen. Heute haben sie durch die Umwandlung vom einfachen Verkehrsbahnhof zum unterhaltsamen Kulturbahnhof eine neue Aufgabe gefunden.

Nachdem das Gebäude einige Jahre leer stand und ein Feuer gewütet hatte, wurde es das neue Zuhause der bereits bestehenden Spalter Theatergruppe. Durch den Brandschaden und die Umbauarbeiten ist nicht mehr viel im Inneren erhalten geblieben, der an die Fahrkartenausgabe erinnernde Schalterbereich ist aus den 70er Jahren und sentimentales Zugeständnis.

Für kleine, ausgewählte Veranstaltungen bietet der alte Wartebereich ausreichend Platz, Requisiten lagern im oberen Stockwerk. Der Güterwagen beherbergt eine Modellausstellung über Spalt und Umgebung in einer Zeit, in der der Bahnhof noch Mittelpunkt des öffentlichen Lebens war. Der Transportwaggon wird bei Bedarf zur Konzertbühne umfunktioniert – die Zeit der Dampflok ist vorbei.

Adresse Agricolastraße 8, 91174 Spalt, Tel. 09175/1858, www.sommernachtsspiele-spalt.de | **Anfahrt** B 466 Richtung Wassermungenau, in Wassermungenau abbiegen Richtung Spalt, in Spalt der Rother Straße folgen Richtung Georgensgmünd, rechter Hand liegt das Gebäude des Alten Bahnhofs | **Öffnungszeiten** siehe Veranstaltungskalender im Netz | **Tipp** Das Veranstaltungsprogramm beinhaltet auch die »etwas andere« Spalter Stadtführung, die mit Musik und Überraschungen rund drei Stunden Stadterleben bietet.

84__Der Barfuß-Weg

Wo Fußsohlen das Lachen ins Gesicht kitzeln

Mit Schuhen geht hier gar nichts. Gleich am Startpunkt werden diese in Schließfächer gesperrt und bleiben dort die nächsten ein bis eineinhalb Stunden. Barfuß geht es dann in den gegenüberliegenden Wald hinein, überdimensionale Fußstapfen zeigen den Weg. Es kitzelt und piekst an den empfindlichen Fußsohlen. Wer noch am Anfang des Barfußweges geht, ist deutlich angespannter und konzentrierter als die ihm entgegenkommenden, fröhlich lachenden Menschen mit schlammverspritzten Waden. Die ersten Schritte führen über Kieselsteine, Holzpflaster, Steinbeläge und weichen Waldboden. Die erste Balancierstrecke ist auch geschafft, und der Weg führt den Berg hinunter zum Wassertreten. Ein kleiner Bachlauf fließt hinunter in den Igelsbach. Barfußpfad-Geher und Seenrundweg-Spaziergänger treffen hier ein kleines Stück aufeinander. Erstaunte Blicke treffen die Unten-ohne-Geher, wenn sie erleichtert aus dem kalten Wasser springen und dann zügig rechts im Wald verschwinden, um den nächsten Anstieg zu meistern.

Langweilig wird es auf den 2,5 Kilometern nicht, dazu hatten die Macher dieses »Wonnenweges« viel zu viele Ideen. An den kommenden Stationen arbeiten nicht nur die Füße fleißig an ihrer Gesundheit, auch die Hände können Naturmaterialien in speziellen Tastkästen erfühlen. Augen und Ohren sind beschäftigt mit den vielen Eindrücken von Klanghölzern und dem natürlichen Waldboden. Wer ganz viel Glück hat, erwischt am Ruheplatz eine der sanft schwingenden Hängematten und genießt den Blick über seine mit Sand und Tannennadeln behangenen Füße hinweg in hohe Baumwipfel. Der Rückweg führt über Seilbrücken und Wackelbretter, und die Füße tauchen tief in wunderbare Matschpfützen ein. Beim Bachübergang lässt sich alles wieder abwaschen, der steile Anstieg danach kitzelt die Fußsohle noch mal kräftig durch. Am Ende dürfen die Schuhe wieder aus ihren Schließfächern. Eigentlich schade.

Adresse zwischen 91174 Enderndorf und Stockheim, circa 4 Kilometer südlich von Spalt | **Anfahrt** A 6 Ausfahrt Schwabach West, B 466, in Wassermungenau abbiegen Richtung Spalt, durch Spalt durch, rechts halten Richtung Enderndorf, der Beschilderung »Barfußpfad« folgen, parken auf dem Großparkplatz oberhalb des Kletterparks | **Öffnungszeiten** April–Okt.; das Gelände ist für Kinderwagen und Rollstühle ungeeignet. Hunde haben keinen Zutritt. | **Tipp** Bei schönem Wetter ist der nahe Kletterpark ein spannendes Erlebnis. Nur zwei Kilometer oberhalb des Parkplatzes stehen zwei riesige Panoramastühle (siehe Seite 178).

85 Die Panorama-Hochsitze

Ein Platz zwischen Himmel und Erde

Wenn das nicht einladend ist! Hier finden Familien und Wandergruppen Platz, um den einmaligen Ausblick über den Brombachsee zu genießen. Denn die auf den ersten Blick wie ein Kunstwerk wirkenden, überdimensional großen Holzstühle geben sich erst auf den zweiten Blick als Aussichtspunkt und Ruheoase zu erkennen. Eine rückwärtige Öffnung gewährt Einlass zur Sitzfläche. Hier lässt sich durchaus einige Zeit verbringen oder gar ein kleines Picknick halten. Der Blick geht weit über Wald und Brombachsee hinaus bis zur gegenüberliegenden Seite nach Ramsberg.

Jetzt bietet sich die wunderbare Gelegenheit, in Gedanken einen kleinen Ausflug in die Entstehungszeit der Wasserlandschaft zu unternehmen. Denn dort, wo heute die Fläche vom Brombach- und Igelsbachsee bedeckt ist, lagen vor der Flutung der Seen landwirtschaftlich genutzte Wiesen und Felder. Die Hauptstraße von Enderndorf führte mitten hindurch nach Ramsberg. Heute endet sie am Seeufer. Zwar gibt es Verbindungsstraßen, auf direktem Wege verbinden jedoch im Sommer nur die Anlegestellen für den Schiffsverkehr die Gemeinden rund um den Brombachsee miteinander. Wer will, kann jedoch zu Fuß oder mit dem Fahrrad den gesamten See auf dem idyllischen Rundweg erkunden.

Das vorher einseitige, bäuerlich-landwirtschaftliche Erscheinungsbild hat sich gewandelt und die touristische Erschließung mit dem neuen Seenland Schritt gehalten. Im Sommer bieten die vielen bunten Segelboote und Surfer fröhliche Farbtupfer auf der spiegelblauen Wasserfläche.

Wer die Aussicht auf den Panorama-Stühlen genießt, ist zwischen Himmel und Erde verankert. Seit wenigen Jahren erst haben die sorgsam gezimmerten Stühle ihren Platz auf der Höhe gefunden und gehören mit ihrem heimischen Holz schon fast zum Landschaftsbild. Den Spalter Wanderfreunden ist es zu verdanken, dass eine Idee aus Südtirol bei Spalt heimisch werden konnte.

Adresse 91174 Spalt-Enderndorf | **Anfahrt** B 466 Richtung Wassermungenau, in Wassermungenau nach Spalt abbiegen, von Spalt kommend Richtung Enderndorf, dem Hinweis Barfußpfad folgen, oberhalb des Barfußpfades auf einer Anhöhe an der Straße sind die Stühle deutlich sichtbar | **Tipp** In Enderndorf bietet das gemütliche Strandhaus Zweiseenplatz Urlaubsfeeling direkt am Wasser (www.strandhaus-zweiseenplatz.de).

86 Das Gruschdl Café

Der Siegeszug einer Nähmaschine

Typisch fränkisch? Auf jeden Fall mit viel Herz ist im 100-Seelen-Ort Fünfbronn erst vor wenigen Jahren ein kleines Näh-Café entstanden. Das »Geöffnet«-Schild unter dem großen Baum inmitten der Bauernhofeinfahrt ist nicht zu übersehen. Mit dem Gruschdl Café haben sich die Betreiber einen Traum erfüllt, der irgendwo zwischen Nähstube, Selbstgebackenem und gemütlicher Runde angesiedelt ist. Einem leer stehenden, zur Rumpelkammer verkommenen Kuhstall wurde hier nach langen Jahren in der Landwirtschaft eine vollkommen andere Bestimmung gegeben. Die ganze Familie packte mit an, und inzwischen werden die selbst genähten Liebhaberstücke nicht mehr auf dem alljährlichen Spalter Weihnachtsmarkt verkauft, sondern das ganze Jahr über im Gruschdl-Laden. Wobei nicht immer ganz klar ist, was denn nun Dekoration und gesammeltes Liebhaberstück ist und ob das hübsche Kissen jetzt zu erwerben ist oder doch zum Inventar gehört. Egal.

Mitten im lang gestreckten Gastraum steht konsequenterweise die Nähmaschine, in den Regalen lagern bunte Westfalenstoffe, und begonnene Handarbeit wartet auf ihre Fertigstellung. Hier wird noch leidenschaftlich genäht, die Nadel rattert durch den Stoff, und die Nähspule dreht sich, bis ihr schwindelig wird. Wer also schon immer wissen wollte, wie das mit dem Knopfloch-Nähen funktioniert, kann hier nachfragen und es sich zeigen lassen. Das Gruschdl Café ist auch für andere Handwerkskunst offen, und so finden sich neben buntem Stoffwerk auch Schmuck-, Filz- und Töpfersachen auf den Fensterbrettern.

Gruschdln heißt übrigens Stöbern. Und was gibt es Schöneres, als bei einem guten Stück Kuchen und einer dampfenden Tasse Kaffee oder Tee zumindest mit den Augen durch den Raum zu gruschdln? So viel offene Kreativität ist auch eine wunderbare Möglichkeit, mit dem Nachbartisch ins Gespräch zu kommen. Und sei es nur mit einem begeisterten »Schee is!«.

Adresse Fünfbronn 23, 91174 Spalt-Fünfbronn | **Anfahrt** B 466 Richtung Wassermungenau, Obererlbach, nach Obererlbach links abbiegen nach Kalbensteinberg, dann nach Fünfbronn. Der Abzweigung Fünfbronn folgen, die Straße führt direkt am Café vorbei. | **Öffnungszeiten** Do–Mo 13–18 Uhr, für Gruppen ab 15 Personen nach Vereinbarung | **Tipp** Beim Verlassen des Ortes auf das wunderschön gestaltete Ortsschild achten!

87 Das Kirschendorf

Weiß wie Schnee und rot wie süße Kirschen

Zwei jahreszeitliche Ereignisse bestimmen das Leben in dem traditionsreichen Ort auf der Spalter Höhe. Zum einen die Kirschblüte, die alljährlich im Mai mit dem Kirschblütenfest gefeiert wird, zum anderen die Kirschernte im Herbst.

Dank der sandigen und wasserdurchlässigen Lehmböden der Hügellandschaft gedeihen Kirschen rund um Spalt besonders gut. Hier wachsen neben modernen, marktgängigen Sorten noch alte, seltene Bäume, deren Kirschen ein wunderbares Aroma entfalten. Die weißen Blüten liegen im Frühjahr wie Schaumkronen auf den Hügeln. Zum Blütenfest am 1. Mai werden in den Kirschgärten Bänke aufgestellt und in der Hoffnung auf eine gute Ernte die Kirschensaison willkommen geheißen. Einige Monate später ist die weiße Pracht längst vorbei, und nicht nur die Vögel warten sehnsüchtig auf die roten Früchte, die zwischen den Blättern zu reifen beginnen. Kirschenernte ist gleichzeitig Familienzeit, hier helfen große und kleine Hände mit. Vom Baum in den Korb und von hier auf den alljährlich aufgebauten Verkaufsstand vor der Wiese. Frischer geht es nicht.

Der Weg durch die »Kirschenallee« liegt genau auf der Anhöhe zwischen Spalt im Tal der Rezat und dem Brombachsee. Große Sandsteinhäuser prägen das Ortsbild. Der warme Farbton des leicht rötlichen Sandsteins ist charakteristisch für die Spalter Gegend (siehe Seite 62), die großen Steinquader vermitteln eine zeitlose Beständigkeit. Die mächtigen hohen Häuser stammen noch aus der Zeit des intensiven Hopfenanbaus, der viel Platz zum Trocknen forderte und daher auf mehrere Stockwerke verteilt wurde. Die kurze Zeit als Weinanbaugebiet im 11. Jahrhundert war schnell beendet, zu sauer war der Trauben Saft. Die Kirschen dagegen schmecken umso süßer.

Vom Sportplatz aus führen fünf verschiedene Nordic-Walking-Touren/Spazierwege ins Hügelland oder rund um den Igelsbachsee.

Adresse 91174 Spalt-Großweingarten | **Anfahrt** A6 Ausfahrt Schwabach West, B466 Richtung Wassermungenau, Spalt. Von Spalt aus der Ausschilderung folgen. Auf den Hügelhöhen liegen die Kirschgärten. | **Öffnungszeiten** 1. Mai Kirschblüten-fest im ganzen Ort, Anfang Juli Kirschhoffest in Großweingarten und Kalbensteinberg mit Bustransfer | **Tipp** Vom Nachbarort Hagsbronn hat man an der Kirche einen schönen Weitblick auf Spalt und das Rezattal.

88_Der Menhir

Steingeschichten auf den Kopf gestellt

Etwas verschämt versteckt er sich hinter der kleinen Wegkapelle südlich von Massendorf. Dabei gibt es nordöstlich von Spalt zahlreiche Bildstöcke, Flurkreuze und alte, verwitterte Steine mit oftmals unverständlichen Inschriften. Unter ihnen ist der Bildstein an der Kapelle, auch Menhir genannt, etwas Besonderes. Bei seiner Instandsetzung vor vielen Jahren ist einiges schiefgelaufen: Er wurde falsch zusammengefügt. Es liegt nun in der Phantasie des Betrachters, den oberen Teil des Bildsteines um 90 Grad nach links zu drehen und nach unten zu versetzen. Im zweiten Gedankenschritt wird dann der untere Teil nach oben gehoben. Und so entsteht die Andeutung einer Quelle, symbolisch angelehnt an die Mythologie aus einer Zeit, als das Gebiet noch unter römischer Herrschaft stand. Was freilich schon sehr, sehr lange her ist.

Wer Massendorf Richtung Pflugsmühle oder Güsseldorf verlässt, begegnet den Fraisch-Steinen. Diese kennzeichnen die Grenze zwischen der Markgrafschaft Ansbach und dem Hochstift Eichstätt. Auf der einen Seite ist der markgräfliche Adler eingraviert, auf der anderen Seite befindet sich der Bischofsstab. Noch im 18. Jahrhundert war es ganz entscheidend, zu wissen, auf welcher Seite man sich gerade befand. Während die Wege der Markgrafschaft Ansbach kostenfrei genutzt werden konnten, musste im Hochstift Eichstätt Zoll gezahlt werden. Und das machte damals wie heute keiner gerne.

Die hoch aufragenden, verwitterten und oft frei an Wegen und in den Wiesen stehenden Steine sind nicht zufällig an ihren Standort gekommen. Sie sind Zeugen vergangener Jahre, und jeder von ihnen hat seine ganz eigene Bedeutung, aufgrund der er gerade an diesem Platz aufgestellt wurde. Im Rahmen der Flurbereinigung wurden die vielen historischen und sakralen Steine, Kreuze, Marterln und Bildtafeln im Norden von Spalt erfasst und ihre Geschichte und Entstehung aufgeschrieben.

Adresse 91174 Spalt-Massendorf | **Anfahrt** B 466 Richtung Wassermungenau, über Spalt nach Massendorf, am Ortseingang von Massendorf nach rechts zur kleinen Kapelle abbiegen. Gleich daneben steht der Menhir. | **Tipp** Von Spalt aus die Massendorfer Schlucht hochlaufen: besonders für Kinder je nach Wasserstand ein feuchtfröhliches Kletterabenteuer.

89 »Schnittlinger Eiche« und »Schnittlinger Loch«

Zwei Naturdenkmäler in enger Nachbarschaft

Wer an Schnittling im Hügelland nicht einfach vorbeifährt, sondern das Auto am kleinen Wanderparkplatz abstellt, kann gleich zwei Naturdenkmäler aus nächster Nähe erleben: die Schnittlinger Eiche und das Schnittlinger Loch.

Die Eiche steht hinter dem Kinderspielplatz am Waldrand, der bereits von der Straße aus zu sehen ist. Kleingehölze und Brombeersträucher wachsen um sie herum, ein Holzzaun schützt im Umkreis von einigen Metern den Boden des sensiblen Wurzelbereichs. Das wahre Alter der Eiche ist nicht bekannt, in manchen Beschreibungen wird ihr der Charakter eines 1.000-jährigen Baumes zugeschrieben. Vermutlich steht sie bereits über 400 Jahre dort am Waldrand und hat sich in dieser Zeit zu einem wunderbaren Solitärbaum entwickeln können. Außergewöhnlich ist die niedrig angesetzte Baumkrone, die einen Umfang von circa 30 Metern erreicht.

Vom Wanderparkplatz aus in der entgegengesetzten Richtung liegt das Schnittlinger Loch. Ein steiler Weg mit Treppenstufen führt hinunter in die Schlucht, die als Naturdenkmal vom Bayerischen Landesamt für Umwelt in der Liste der Geotope im Landkreis Roth erfasst ist. Der hier vorkommende Burgsandstein wurde im Laufe der Jahrtausende immer wieder unterspült und ausgehöhlt, sodass auf einer Gesamtlänge von 50 Metern eine tiefe, romantische Schlucht entstanden ist. Feuchtigkeitsliebende Pflanzen haben sich hier angesiedelt, und winzige Mücken tanzen in der Luft. Schmale Wege führen über Brücken und Treppen, vorbei an bis zu 15 Meter hohen Vorsprünge, und gewähren Einblicke in tiefe Steinhöhlen.

Dem Burgsandstein begegnet man immer wieder in den Ortschaften des Hügellandes, als häufig verwendetes Baumaterial gibt er vielen Häusern und Kirchen ihr charakteristisches Erscheinungsbild und prägt das Ortsbild vieler Dörfer.

Adresse Wanderparkplatz bei 91174 Spalt-Schnittling | **Anfahrt** B 466 Richtung
Wassermungenau, Obererlbach, nach Obererlbach links abbiegen nach Kalbenstein-
berg/Fünfbronn, vor Schnittling rechter Hand ein kleiner Parkplatz | **Tipp** An
Schnittling und seinen Naturdenkmälern führt auch der Seenländer vorbei, ein
Wanderweg, der auf 146 Kilometern in elf Etappen durch die Schönheiten des
Seenlandes führt.

90_Die Burganlage Wernfels

Einlass nur für Jugendliche und geladene Gäste

Ihr Anblick ist wahrlich beeindruckend. Kompakt gebaut mit massiven Steinwänden ragt die Burganlage hoch über das Rezattal. Und wie es sich für eine kämpferische Burg aus dem Mittelalter gehört, ist sie auch nicht leicht zu erobern. Ein steiler Anstieg führt vom Rezattal durch den kleinen Ort Wernfels herauf.

Ein hoher Torbogen gibt den ersten Blick ins Innere frei, aber gleich dahinter wird durch die Inschrift auf einem gemalten Pergamentbogen deutlich, dass nicht jeder Einlass erhält. Auch wenn die malerischen Treppenaufgänge, Gartenlauben und verwinkelten Wege einladend wirken und neugierig machen, steht eine ausführliche Besichtigung leider nur ihren offiziellen Gästen offen: Seit 1925 gehört die sehr gut erhaltene Burganlage dem CVJM-Landesverband Bayern (Christlicher Verein Junger Menschen) und gilt als eine der beliebtesten Jugendherbergen im Deutschen Jugendherbergswerk (DJH).

Wie beliebt oder umkämpft sie in ihrer mittelalterlichen Vergangenheit war, zeigt höchstens die wechselvolle Geschichte ihrer Besitzer. Entstanden ist die Burganlage vermutlich in der zweiten Hälfte des 13. Jahrhunderts, sie wurde 1284 an Fürstbischof Reinboto von Eichstätt weiterverkauft. Der Ausbau der Burg fand im 14. und 15. Jahrhundert durch die Erweiterung einer Ringmauer samt Torturm statt, die die Präsenz der bisherigen Burg machtvoll verstärkten. Der Verkauf 1882 an Privatpersonen bewahrte die Anlage letztlich vor dem Verfall.

Direkt vor der Burg lenkt ein Wegweiser hin zu einem kleinen Fußweg zum höher gelegenen Ort Theilenberg. Der ehemalige Kirchweg bietet wunderbare Ausblicke auf die gesamte Burganlage und die sich dahinter ausbreitende Landschaft des Rezattales hinein ins Nürnberger Becken. Der Fußweg lässt sich gut zu einer längeren »Spalter Hügelland-Tour« ausweiten, vorbei am Schnittlinger Loch und der Alten Eiche (siehe Seite 186).

Adresse Jugendherberge Burg Wernfels, Burgweg 7–9, 91174 Spalt-Wernfels, Tel. 09873/976120 | **Anfahrt** A6 bis Ausfahrt Schwabach-West, B 466 über Wassermungenau Richtung Obererlbach, nach Wassermungenau links abbiegen nach Wernfels, dort der Beschilderung folgen. | **Tipp** Vor der Burg einem kleinen Weg nach Theilenberg folgen. Dort finden sich südöstlich des Ortes frühmittelalterliche Wehranlagen (Infotafel), die Reste einer im 10. Jahrhundert aufgelassenen karolingisch-ottonischen Burganlage.

91___Der Schäferkarren

Nostalgische Pilgerherberge am Jakobsweg

Seit acht Jahren steht er bereits unter den Bäumen auf der idyllischen Wiese am Wegesrand und hat schon manch müdem Jakobspilger Herberge gegeben. In Detailarbeit wurde er Stück für Stück gezimmert und genießt heute als Ahnvater einer neuen Schäferwagen-Generation den Wechsel der Jahreszeiten und die Ruhe im Grenzgebiet des Hahnenkamms.

Eigentlich sollte es Wagen wie ihn gar nicht mehr geben. Vor über 50 Jahren wurde der letzte klassische Schäferkarren in Deutschland hergestellt. Aber da Retro »in« ist und der Schäferkarren sinnbildlich für Landidylle mit wollig »mäh«-enden Schafen steht, wurde er 2007 als handgearbeitetes Original zurück ins Leben geholt. Gleich drei Manufakturen gibt es inzwischen bei Auhausen und in Hainsfarth, in denen mit fachmännischem Können die Holzwagen individuell und mit Herzblut hergestellt werden.

Am Brombach- und Altmühlsee sind im Sommer drei bauglei-che Schäferwagen mit Türmchen und Glocken als »mobile Gotteshäuser« unterwegs. Selbst der Deutsche Schäferverband hat sich auf seine Traditionen besonnen und einen Wagen geordert. Womit der Schäferkarren wieder bei seiner ursprünglichen Bestimmung angekommen wäre.

Mit den alten Holzkarren, in denen sich Mäuse und Spinnen gemütliche Ecken einrichten und nur dicke Schaffelle vor dem kalten Wind zwischen den Ritzen schützen, hat dieser Schäferkarren nicht mehr viel zu tun. Ein kleiner Ofen spendet an kühlen Abenden und im Winter kuschelige Wärme, und das bequeme Bettenlager entpuppt sich als geschickt arrangierte Bank-Tisch-Kombination. Jeder Schäferwagen ist ein Unikat, und auf Wunsch wird Nostalgie mit Details des modernen Zeitgeistes vermischt und sogar Stromanschluss mit eingebaut. Spätestens nach tagelangen Fußmärschen dürfte dies alles dem echten Pilger egal sein: Ihm reichen Vogelgezwitscher am Morgen und der Blick in die nahe Baumkrone.

Adresse Matthias Fritzsche, Schützenstraße 9, 86744 Steinhart (Hainsfarth), Tel. 09082/921858 | **Anfahrt** B 466 Richtung Oettingen, in Hainsfarth Richtung Steinhart, im Ort Richtung Megesheim; Anlauf für müde Pilger: direkt am Jakobsweg bei Steinhart | **Öffnungszeiten** nur für Jakobsweg-Wanderer | **Tipp** Hinweisschilder in der Ortsmitte »Zur Burgruine« führen über die Burgstraße zu dem ungewöhnlichen Ensemble der im Wald liegenden Burgruine der »Späten von Steinhart« und eines im 18. Jahrhundert angelegten Judenfriedhofs.

92 Der Spaßwanderweg

Beweech dein Oarsch und lach di krumm!

Das Motto des Weges klingt etwas fränkisch-derb, fasst aber gekonnt das Wesentliche zusammen: Lachen im Laufschritt. Am besten in der Gruppe und mit ausreichend Verpflegung im Rucksack. Die Spaßfaktoren sind in die Strecke »eingebaut«, man muss sie nur entdecken und mitmachen.

Thalmässing liegt mitten im Fränkischen Jura am Rande des Naturparks Altmühltal und direkt an der äußeren Grenze des Fränkischen Seenlandes. Vielleicht sind in den vergangenen Jahren zu viele thematische Lehrwege entstanden, sodass die am Rand liegenden Orte ein wenig das Nachsehen haben. Und vielleicht gab genau das den Ausschlag für den »1. deutschen Spaßwanderweg«. Wunderbarerweise waren die Verantwortlichen tatsächlich so konsequent, die Idee mit viel ehrenamtlichem Engagement und verrückten Ideen umzusetzen. Daher kann man seit 2007 diesen erfrischend sinnfreien Weg durch den Fränkischen Jura durchlaufen: ohne erhobenen pädagogischen Zeigefinger, bedenkenlos und rein zur Freude. Wer die optischen Täuschungen überstanden hat, denkt nicht mehr an das ungeliebte Zünglein an der Waage und ist mit seinem äußeren Erscheinungsbild dann doch recht zufrieden. Und wer würde einfach so fremde Mitwanderer umarmen, wenn es darum geht, den Rekord mit neun Leuten auf einer Baumscheibe zu brechen? Es sind diese kleinen, einfachen und unkomplizierten Ideen, die der Spaßwanderweg bereithält, und sich darauf einzulassen ist die eigentliche Herausforderung. Für Kinder gilt es, den grimmig-knuffigen Dinosaurier zu bezwingen und ihren Mut im Bäume-Erklettern zu zeigen, während bei der Riesenwippe eine ausbalancierte Lastverteilung gefragt ist.

Zur Auswahl stehen drei verschieden lange Wanderrouten (4, 6 und 10 Kilometer), die zu einer großen zusammengefasst werden können. Die 4 Kilometer lange ist barrierefrei mit weitgehend festem Untergrund. Auf geht's zur »Fränkischen Gesundheitsvorsorge«!

Adresse Informationen: Fremdenverkehrsverein, Ruppmannsburg 27, 91177 Thalmässing, Tel. 09173/77983, www.spasswanderweg.de | **Anfahrt** A9 Abfahrt Greding Richtung Thalmässing, in Thalmässing die Hauptstraße St2225 Richtung Ruppmannsburg verlassen, Parkmöglichkeit in den Orten Ruppmannsburg, Reinwarzhofen und Reichersdorf | **Tipp** Es gibt keine Mülleimer entlang des Weges, und die Obstbäume nahe den Wanderwegen sind in Privatbesitz. Da hört der Spaß leider auf. Empfehlenswert ist auch das Fundreich Thalmässing, Archäologisches Museum, am Marktplatz 1 (Tel. 09173/9134, www.fundreich-thalmaessing.de).

93 Das Michael-Kirschner-Kulturmuseum

Eine funktionierende Dorfgemeinschaft

Wenn knapp 100 Einwohner eines Dorfes sich auf heimatkundliche Spurensuche begeben, kommt manchmal Erstaunliches dabei heraus. So geschah es in Stauf, als vor einigen Jahren Michael Kirschner starb und seinen Kleinbauernhof der Dorfgemeinschaft als Museumsgrundlage vermachte. Elf Jahre lang wurde gewerkelt und geplant, bis das Kulturmuseum entstanden war und nun die Lebensund Arbeitswelt einer kleinbäuerlichen Familie im 19. und 20. Jahrhundert über drei Generationen hinweg zeigt. Im Wohnstallhaus von 1868 wurde die Originalsubstanz wiederhergestellt. Die Inneneinrichtung der einzelnen Räume wurde einfach übernommen.

Ganz klar, das städtische Leben der heutigen Zeit sieht anders aus. Früher war das gesamte dörfliche Leben auf Selbstversorgung ausgerichtet und entsprechend einfach und funktional. Die alte Scheune wurde Anfang des 18. Jahrhunderts erbaut, das kunstvolle Fachwerk liebevoll saniert. Hier werden Geräte und Werkzeuge ausgestellt, die für die landwirtschaftliche Arbeit unentbehrlich waren. Der Schweinestall aus Holz ist lediglich ein Nachbau, das Original ist ins Freilandmuseum Bad Windsheim ausgelagert.

Durch das gemeinsame Museumsprojekt hat sich die Vergangenheit sachte mit der Gegenwart verknüpft, alte Traditionen wurden wieder aufgenommen, und ein neues Dorfleben ist gewachsen. Irgendwie fühlen sich alle miteinander verbunden. Sei es über die Musik der Staufer Burgbläser mit ihren gewaltigen Alphörnern oder durch die historische Aufarbeitung der einzelnen Staufer Anwesen. Und eines haben alle Einwohner gemeinsam: Sie wohnen genau auf der Europäischen Wasserscheide. Jedes Hausdach schickt das Regenwasser der Nordseite in die Nordsee, den Niederschlag auf der Südseite jedoch auf die Reise ins Schwarze Meer.

Adresse Stauf 16, 91177 Thalmässing-Stauf, www.kulturmuseum-stauf.de | **Anfahrt** über die A 9, Ausfahrt Thalmässing beziehungsweise Greding, ab Thalmässing der RH 24 folgen Richtung Eysölden, Abfahrt Stauf, der Ausschilderung folgen | **Öffnungszeiten** Juni–Okt. am 1. So im Monat 13–17 Uhr; im Museumscafé werden Kaffee und selbst gebackene Kuchen angeboten, Sonderveranstaltungen auf der Internetseite | **Tipp** Am Museum vorbei kommt man zum Parkplatz Michael-Kirschner-Museum, vom Parkplatz führt eine Wanderung zum Grenzsteinfeld.

94 Die Bruder-Klaus-Kapelle

Vom Suchen, Finden und Überraschenlassen

Manche Orte sind wie ein geheimer Schatz. Und wahre Schätze zeigen sich unerwartet oder speziell denen, die mit Herzenssehnsucht danach suchen. Die Bruder-Klaus-Kapelle im Tiefenbachtal ist ein solcher Schatz. Sie liegt nahe des Verbindungsweges von Spalt und Georgensgmünd, der gleichzeitig auch Teil des Planetenweges ist (siehe Seite 48). In Höhe des Planeten Uranus zeigt ein Wegweiser zur Kapelle. Die teils verwachsenen Waldwege verzweigen sich, führen zur anderen Waldseite wieder hinaus oder im Rundweg zurück zum Ausgangspunkt. Macht aber nichts. Die Suche nach einem besonderen Ort ist niemals so einfach, wie es aussieht.

Mit Geduld und Zuversicht scheint der helle Umriss der Kapelle dann doch noch zwischen Waldbäumen und Brombeersträuchern hervor. Ein idyllisches grünes Tal öffnet sich zwischen zwei Waldrändern, durch das ein kleiner Bachlauf fließt, sanft angestaut durch eine kleine Steinmauer. Eine Sitzgruppe lädt ein zum Genießen und Zur-Ruhe-Kommen. Über den Bach hinweg führt ein Steg mit dicken Holzplanken zur Kapelle, die dem heiligen Niklaus von der Flüe gewidmet ist. Sein Leben wird in Texten und Bildern an den Seitenwänden dargestellt. Schlicht und liebevoll wirkt der kleine Innenraum, der warme Ton der Holzdecke vermittelt ein Gefühl der Geborgenheit.

Mit dem Bau der Bruder-Klaus-Kapelle wurde 2005 ein Gelübde eingelöst, seitdem steht das Kirchlein in der Obhut der Familie Schneider. Vorbild war die Ranftkapelle im Schweizer Flüeli, die Wirkungsstätte des Niklaus von Flüe, der als Schweizer Nationalheiliger unter dem Namen Bruder Klaus bekannt ist.

Wie schon der Hinweg, ist auch der Rückweg nicht leicht zu finden. Die meisten landen mit Glück wieder auf dem Planetenweg. Direkt bei Uranus.

Adresse im Tiefenbachtal, erreichbar über Planetenweg, Bahnhofstr. 4,
91166 Georgensgmünd, Kontakt: Thomas Schneider, www.bruder-klaus-am-
tiefenbach.de | **Anfahrt** A6 Heilbronn Ausfahrt Roth, B2 Richtung Weißenburg
bis Ausfahrt Spalt/Georgensgmünd. Am Wasserrad im Ortszentrum führen Wegweiser zum Planetenweg. Parken am zentralen Parkplatz an der Hauptstraße. Dem
Planetenweg (Fuß- und Radwanderweg) folgen, am Planeten Uranus führt ein
Wegweiser in den Wald hinein. | **Öffnungszeiten** im Sommer, sonst Tel. 09172/1727
(Familie Schneider) | **Tipp** Wenige Meter weiter Richtung Spalt liegt eine gewaltige
Sandgrube. Allerdings weniger zu Freizeitzwecken als eher aus wirtschaftlichem
Nutzen wird hier Sand abgebaut.

95__Die St.-Georg-Kirche

Im höchsten Ort Mittelfrankens

Schnell ist man hindurchgefahren, durch den kleinen, gerade etwas über 700 Einwohner zählenden Ort. Dabei ist Auernheim mit seiner Lage von 634 Metern über dem Meeresspiegel der höchstgelegene Ort Mittelfrankens – und besitzt eine der schönsten Kirchen im Hahnenkamm. Mit der Christianisierung durch Bischof Gundekar von Eichstätt wurde den Mythen und Legenden der verschiedenen durchziehenden Volksgruppen – Römer, Alemannen, Franken – ein Ende bereitet, 1057 bis 1075 entstand in Auernheim ein erster Kirchenbau. Die folgenden 400 Jahre liegen im Dunkeln, die heutige St.-Georg-Kirche wird erst ab 1458 geschichtlich erwähnt. Das Besondere sind die sehr gut erhaltenen bäuerlich-barocken Malereien entlang der Emporenbrüstung. Sie wurden 1680 von Johann Jacob Brenner geschaffen und erzählen vom Leben Christi. Viele der einfachen Menschen waren damals Analphabeten, und die Botschaft der Evangelien über Bilder zu verkünden war gängige Kirchenpraxis. Die sich durch einen Großteil der Kirche ziehenden Emporen und ihre reiche Bemalung waren typisch für die protestantischen Kirchen der damaligen Zeit. Es näherte sich das Ende des Barocks, vielerorts wurde gar das Ende der Welt prophezeit. Ob das der Grund war, Johann Jacob Brenner mit der Bemalung zu beauftragen und damit die Menschen auf den Weltuntergang vorzubereiten, weiß heute keiner mehr.

Auernheim hat noch eine weitere Besonderheit: Durch die Abgelegenheit des Ortes ist eine Art Bermudadreieck entstanden, in dem die Grenzen des fränkischen, schwäbischen und bayerischen Dialektes verschwinden und alle drei Ausprägungen nahtlos in eigene Wortschöpfungen und Betonungen übergehen. Oder wissen Sie, was sich hinter »Gschdudder« verbirgt? Und »Maiener« und »uawali«? Oder probieren Sie doch mal eine Portion »Gröö Flaasch« in einer der beiden Dorfgaststätten – mit einem herzlichen »Lassd's eich schmegga!«.

Adresse 91757 Treuchtlingen-Auernheim (am Kirchturm orientieren) | **Anfahrt**
A6 Fränkisches Seenland/Gunzenhausen, B13 Richtung Gunzenhausen, Treuchtlingen, dann über St2216 Richtung Auernheim/Hechlingen, das Auto unterhalb
der Kirche parken | **Tipp** Das Torhäuschen zum Friedhof hin stammt aus dem
16. Jahrhundert und kennzeichnet die Ursprünglichkeit des Ortsbildes. Nicht weit
von Auernheim liegt der geheimnisvolle Uhlberg (siehe Seite 84).

96__Das Schloss der Markgräfin

Eine preußische Prinzessin am Fuße des Hesselberges

Ihr einstmals strahlender Glanz ist einem eher morbiden Charme gewichen. Der Stein ist dunkel verwittert, helle Bruchstellen weisen auf die lange Geschichte des ehemaligen Marstalls hin. Seit bald 300 Jahren lagern die beiden Engelinnen anmutig auf dem hohen Tordurchlass, zwischen sich den verzierten Rahmen eines längst verblassten oder vielleicht auch nie existierenden Bildes haltend.

Durch dieses Tor ist Mitte des 18. Jahrhunderts die Markgräfin Friederike Louise von Brandenburg-Ansbach geschritten, wenn sie zwischen ihrem Schloss und der Markgrafenkirche unterwegs war. Den adeligen Anspruch zeigt bereits die Krone hoch oben auf dem Torbogen, und die schlichte, gradlinige Architektur zusammen mit dem zarten Ocker-Farbton kennzeichnet alle Gebäude, die zu der großen Schlossanlage aus der Unterschwaninger Markgrafenzeit gehörten. 40 Jahre lang lebte die preußische Prinzessin, Schwester von Friedrich dem Großen, an diesem abgelegenen Ort. In Ansbach, an der Seite ihres Mannes Karl Wilhelm Friedrich, dem »Wilden Markgrafen«, wurde sie nie glücklich (siehe Seite 80). So baute sie die ursprüngliche Sommerresidenz ihrer Schwiegermutter aus und verlegte ab 1743 ihren ständigen Wohnsitz nach Unterschwaningen.

Während sich ihr an Regierungsgeschäften eher uninteressierter Gatte im Mönchswald, in Gunzenhausen und Triesdorf auslebte, beschränkte sich Friederike auf das Haupt- und Sommerschloss, das Marstallgebäude und einen nach französischem Vorbild gestalteten Park. Wer mit dem Rücken zum Tor stehend den Blick schweifen lässt, erkennt die ockergelben Häuser entlang des Weges, die zu der herrschaftlichen Anlage gehörten. Hinweistafeln zeigen, wie die barocke Landschaftsgestaltung ausgesehen hat.

Eindeutig im markgräflich-barocken Stil erbaut ist auch die große Kirche im Ort: mit Fürstenloge und Kanzelaltar mit Orgel.

Adresse Friederike-Luise-Allee, 91743 Unterschwaningen | **Anfahrt** B 466 Abfahrt
Unterwurmbach/Cronheim Richtung Unterschwaningen, in der Ortsmitte abbiegen in
die Friederike-Luise-Allee/Schlossstraße | **Öffnungszeiten** jederzeit frei zugänglich |
Tipp Abwechslungsreiche Führungen durch den Ort bietet das Gästeführerteam
Unterschwaningen (Tel. 09836/434, www. gaestefuehrer-unterschwaningen.de).

97__Das Oldtimermuseum
Kulturgeschichte auf zwei bis vier Rädern

Edler kann man würdevolle Oldtimer gar nicht unterbringen als in den historischen Nebengebäuden eines Schlosses. Auf etwa 1.200 Quadratmetern verteilen sich hier Fahrzeuge aus den 30er Jahren bis zu hin zu einigen jungen Alten der 80er Jahre. Liebevoll gepflegt und restauriert stehen die Vierrad-Veteranen vor den Wänden der alten Scheunen. Fast andächtig wandert der Blick die Reihen entlang und bleibt immer wieder an winzigen Details hängen. Die zeitlos schöne Formensprache erinnert an eine Zeit, als Automobile noch ihren eigenen, individuellen Ausdruck hatten und als wertvoller Besitz regelmäßig per Hand gewaschen, poliert und nur im Sonntagsstaat präsentiert wurden.

Echte Oldtimer wie ein Messerschmitt Kabinenroller, das nur viermal gebaute Goggo Coupé Cabriolet, der treue Opel Blitz als Feuerwehrauto oder der eher junge »Knudsen Taunus« und De Lorean DMC 12 von 1981 sind Raritäten und Liebhaberstücke. Die Vorgänger unserer heutigen technisch-schnellen Zweiräder genießen in trauter Runde das Wissen um die Gunst des Zeithabens und strahlen mit ihren schweren Rahmen, breiten Lenkern und schwarzen Schutzblechen eine Behaglichkeit aus, die den heutigen Zweirädern längst abhandengekommen ist. Auch die »Ente« der ehemaligen Fürther Landrätin Gabriele Pauli hat es ins Oldtimermuseum geschafft. Angeblich wurden diese Autos 1948 mit einer speziellen Federung für französische Bauern konstruiert, damit diese auf den kriegszerstörten, holprigen Wegen ihre Eier heil zum Markt bringen konnten. Als »Hässliche Entlein« kamen sie in Deutschland auf den Markt – und wurden zu heiß geliebten Kultautos einer ganzen Generation.

Seit 2004 befindet sich das Museum der Oldtimerfreunde Ansbach e. V. in den heutigen Räumen. Und hin und wieder ist eines der liebevoll gepflegten Vehikel mit seinem Chauffeur unterwegs, um ein Brautpaar auf seinem Hochzeitsweg zu begleiten.

Adresse im Schlosspark Dennenlohe, 91743 Unterschwaningen-Dennenlohe, www.fv-oldtimermuseum.de | **Anfahrt** A6 Ausfahrt Gunzenhausen, erste Abfahrt Claffheim/Burgoberbach abfahren, der Straße folgen über Großenried, vorbei an Bechhofen und Großlellenfeld bis Dennenlohe. Hier gehen drei Abfahrten zum Schloss Dennenlohe. Das Museum grenzt an das Marstall Gasthaus im Eingangsbereich. | **Öffnungszeiten** Mai–Sept. Sa, So und an regulären bayerischen Feiertagen 11–17 Uhr, ansonsten nach vorheriger Vereinbarung | **Tipp** Im Garten gegenüber dem Oldtimer-Museum ist ein vielfältiger Kräutergarten angelegt.

98 Der Schlosspark Dennenlohe

Wo Buddha aus dem Bambus lächelt

Mit stabilem Schuhwerk und viel Zeit kann es losgehen im 16 Hektar großen Schlosspark. Leopold Retti, der Architekt der Markgrafen von Ansbach, entwarf es im Jahre 1734. 1825 kaufte Gottlieb Freiherr von Süsskind das gesamte Anwesen, heute lebt hier bereits die achte Generation. Der Landschaftspark bietet Romantik pur, und wenn die Füße im Dennenloher Seewasser baumeln, baumelt auch die Seele und genießt das entspannte Nichtstun. Die Mischung aus phantasievoller Gartenarchitektur und natürlichem Wildwuchs bietet einen spannenden Kontrast. Hier dürfen Wildkräuter zwischen Rhododendren wachsen, morende Baumstämme bieten Vögeln und Insekten das perfekte Zuhause, und im Bambushain überrascht Buddha die Besucher. Ob Biberinsel, chinesisch-japanischer Bachlauf, Kakteenhang oder die Schlossarena mit Ausblick – Pflanzen und eine geschickte Landschaftsarchitektur nehmen die Phantasie mit auf Fernreisen ganz anderer Art. Ein gewaltiger Gongschlag auf der Brücke zwischen Schilfweg und Moor holt jedoch schnell wieder zurück in die Realität. Wassertrittsteine zwischen den Inseln sorgen für die nötige Bodenhaftung.

Eine einzigartige Farbenpracht entfaltet sich in Süddeutschlands größtem Rhododendronpark, der gleichzeitig als botanischer Garten anerkannt und Teil des Landschaftsparks ist. Verspielte Holzbrücken und ein Meer von Seerosen mit quakenden Fröschen führen zu lauschigen Picknickplätzen. Etwas gewöhnungsbedürftig ist der fremdartige Bhutantempel auf dem Roten Berg, der nicht recht in die fränkischbodenständige Landschaft passen will. Nun denn. Mit Leichtigkeit und Entdeckerfreude werden in Dennenlohe Gartenideen gelebt und die Natur zum treuen Begleiter. Oder zumindest gedanklich sollte man die Einladung der hoch aufragenden Wildholzstühle annehmen und einfach mal alles aus einer ganz anderen Perspektive betrachten.

Adresse Dennenlohe 1, 91743 Unterschwaningen-Dennenlohe | **Anfahrt** A 6 Ausfahrt Gunzenhausen, erste Abfahrt Claffheim/Burgoberbach, der Straße folgen über Großenried, vorbei an Bechhofen und Großlellenfeld, bis Dennenlohe. Hier gehen drei Abfahrten zum Schloss Dennenlohe. | **Öffnungszeiten** das Schloss ist in Privatbesitz, Park: April–Anfang Nov. täglich 10–17 Uhr | **Tipp** Der Schlossherr kennt jedes Pflänzlein im Park und bietet regelmäßig Gartenführungen an. An den Klang- und Gartentagen werden zusätzliche Events geboten (www.dennenlohe.de).

99 Der Biberlehrpfad

Vierbeinige Baumeister und Landschaftsgestalter

1994 zog Familie Biber im Wannenbach ein. Das war mutig, denn in unmittelbarer Nachbarschaft liegen die Landwirtschaftlichen Lehranstalten Triesdorf. Generationen von Landwirten gehen dort ein und aus und haben wenig übrig für die wasserstauenden Nager, die die Altmühl samt Nebenflüssen erobern und mit ihren Staudämmen Felder und Wiesen unter Wasser setzen. Die Triesdorfer stellten sich der tierischen Herausforderung und starteten eine Kooperation. Es sollte doch möglich sein, einen so großartigen Landschaftsgestalter wie den Biber in unsere durchorganisierte Kultur- und Agrarlandschaft zu integrieren.

Nach einigen unterstützenden Maßnahmen und Drainagearbeiten hatte die Biberfamilie Glück. Sie durfte am Wannenbach bleiben und lebt dort heute ein glückliches Nagerleben: Burgen bauen, Bäume fällen, Staudämme festsetzen und ab und zu einen Maiskolben vom Acker klauen. Die Landwirte drücken beide Augen zu und überlassen der Biberfamilie den Bachrand. 1999 entstand dann der erste deutsche Biberlehrpfad in Zusammenarbeit mit allen wichtigen Behörden, Ämtern und Verbänden sowie angehenden Grafikdesignern.

Im (sehr) kleinen Biber-Infozentrum erzählen Infotafeln von Biberburgen, Familienleben, Bibernachwuchs und davon, was es mit den abgenagten Bäumen im Umfeld auf sich hat. Dann heißt es auf Spurensuche gehen, denn irgendwo versteckt liegen die Biberburgen, und Schleifspuren bezeugen Aktivitäten zwischen Maisfeld, Bachlauf und den Staudämmen.

In Triesdorf ist man stolz auf die gelungene Nachbarschaft. Biber sind beeindruckende Baumeister und Landschaftsgestalter, sie haben für viele seltene Tiere und Pflanzen neue Lebensräume geschaffen. Inzwischen gibt es sogar zwei hauptamtliche Bibermanager, die bayernweit im Konfliktfall Biber–Mensch vermitteln und von rund 200 ehrenamtlichen Biberberatern unterstützt werden.

Nur ein Biber sieht in einem Biberpelz gut aus

Uns Bibern ist es nicht immer so gut gegangen. Früher wurden wir nämlich gejagt. Aus unseren Pelzen wurden teure Jacken gefertigt, unser Fleisch galt als schmackhafte Delikatesse und außerdem hat man uns ungerechterligterweise des Fischdiebstahls beschuldigt. Eine Zeit lang dachte man sogar, daß wir Biber selbst Fische wären, so daß wir insbesondere während der kirchlichen Fastenzeit gejagt würden. Und da der Mensch ein guter Jäger ist, gab es ab 1867 in ganz Bayern keinen einzigen Biber mehr. Erst einhundert Jahre später hat man uns wieder eingebürgert und alsbald unter Naturschutz gestellt.

AUF GUTE NACHBARSCHAFT.

Heute werden wir häufig gehegt und gepflegt, wie zum Beispiel hier in Triesdorf. Am Anfang gab es natürlich ein bißchen Ärger. Die Äcker unseres Nachbarn, Herr Bauer, gingen bis an den Bach, so daß er mit seinem Traktor zwar unabsichtlich aber oft unsere Uferhöhlen zerstört hat. Dafür haben wir ihm dann seine Feldfrüchte geklaut.

Doch inzwischen kommen wir gut miteinander zurecht, auch wenn Herr Bauer manchmal schimpft, weil wir seinen Acker wieder einmal zu sehr unter Wasser gesetzt haben. Er hält jetzt ein paar Meter Abstand von unserem Revier und da die Triesdorfer Naturfreunde uns einige unserer Lieblingsbäume angepflanzt haben, müssen wir uns auch nicht mehr mit Herrn Bauer ums Essen streiten – obwohl wir immer noch ganz gerne zum Naschen von Leckerbissen wie Rüben und Mais vorbeikommen.

UND DIE MORAL...

Letztendlich haben wir gemeinsam mit den Menschen ein Stück natürliche Auenlandschaft wiedergewonnen, die auch vielen anderen bedrohten Tierarten Lebensraum und damit Lebensgrundlage bietet. Und schließlich haben auch Sie ein hoffentlich erholsames Stündchen hier verbracht. Vielleicht denken Sie ja noch an mich, wenn Sie auf Ihrem Nachhauseweg durch Biberach oder Bibertal kommen.

Bis zum nächsten Mal,

Balduin Biber

Biber à la carte

Herr Bauer heute.

Adresse Familie Biber, Am Wannenbach, 91746 Weidenbach-Triesdorf | **Anfahrt** A6 Ausfahrt Gunzenhausen, dann B 13 bis Weidenbach-Triesdorf, nordöstlich von Triesdorf der Straße Richtung Ornbau folgen, kurz vor dem Ortsausgangsschild linker Hand in Feldweg einbiegen, Auto abstellen und circa 200 Meter dem Feldweg Richtung Wald folgen | **Tipp** Über das Biberleben am Wannenbach gibt es Führungen vom Landschaftspflegeverband Mittelfranken, Feuchtwanger Straße 38, 91522 Ansbach (Tel. 0981/46533520).

100__Die »grüne« Hochschule

Ein moderner Campus auf den Spuren der Barockzeit

Dies ist auf den ersten Blick eine moderne, international ausgerichtete Hochschule mit den »grünen« Schwerpunkten Natur, Ernährung und Umwelt. Auf den zweiten Blick ist der Campus Triesdorf, der zu den kleinsten Orten Deutschlands gehört, reines Hochschulgelände, die Zahl der Studierenden ist fast dreimal so groß wie die Einwohnerzahl des angrenzenden Hauptortes Weidenbach. Und auf den dritten Blick absolvieren die Studenten neben ihrem eigentlichen Studium unwillkürlich eine ständige Zeitreise zwischen Moderne und dem Spätbarock des 17. Jahrhunderts.

Triesdorf war bis 1806 die ehemalige Sommerresidenz der Markgrafen von Brandenburg-Ansbach. Wer auf dem 200 Hektar großen Gelände unterwegs ist, bewegt sich auf den Spuren eines barocken Landschaftsparks mit altem Baumbestand, Alleen, Weiheranlagen und kunstvollen Häuserfassaden. Teilstücke der sogenannten Roten Backsteinmauer (siehe Seite 210), mit der der Markgraf ab 1682 sein bevorzugtes Jagdgelände umgab, stehen noch immer, und über dem ehemaligen Falkenhaus fliegen heute wilde Falken und Milane. Manche Gebäude erhielten neue Aufgaben: So wurde der markgräfliche Pferdestall mitten auf dem Campus zum Aufenthalts- und Begegnungszentrum umgebaut. Gegenüber der im Originalzustand erhaltenen Villa Sandrina sind neue Lehrsäle entstanden. Mit Fingerspitzengefühl wurde die Architektur der 1785 erbauten Villa und des dahinterliegenden Gartenhauses beim Neubau der Lehrsäle aufgegriffen und moderne Architektur der Barockzeit gegenübergestellt.

Ursprünglich sollte die Villa 1787 Sitz der von Lady Craven gegründeten Akademie der Künste und Wissenschaften werden. Während diese Akademie jedoch kaum ihre Anfangszeit überdauerte, hat sich der Hochschulstandort Weihenstephan-Triesdorf seit 1971 zu einer international anerkannten Bildungseinrichtung entwickelt. Lady Craven würde sich freuen.

Adresse Hochschule Weihenstephan-Triesdorf, Markgrafenstraße 16, 91746 Weiden-
bach-Triesdorf, www.hswt.de | **Anfahrt** A6 Ausfahrt Gunzenhausen, dann B13 Ausfahrt
Weidenbach-Triesdorf | **Öffnungszeiten** Das Campusgelände ist bis auf die Gebäude
jederzeit begehbar. | **Tipp** Historische Führungen bietet das Infozentrum, Landwirt-
schaftliche Lehranstalten Triesdorf, Markgrafenstraße 12 (Tel. 09826/181110 oder unter
www.freundetriesdorf.de).

101 Die Rote Mauer

Des Markgrafen chinesische Mauer

Was tun, wenn das zu jagende Wild immer wieder im dichten Unterholz verschwindet und sich dadurch seiner jagdlichen Bestimmung entzieht? Richtig, eine Umgrenzung muss her. So geschah es 1723 auf Anordnung der Markgräfin Christiane Charlotte von Brandenburg-Ansbach. Für das Jagdvergnügen des Markgrafen Christian Friedrich Carl Alexander wurde eine rote Backsteinmauer als Einfassung des Triesdorfer Tiergartens errichtet. Diese war mehr als sieben Kilometer lang und 2,80 Meter hoch. Grüner Sandstein schließt als First die Mauer ab, die heute noch in Teilen erhalten ist. Bei einem markgräflichen Steinformat von 28 mal 13,5 Zentimetern bleibt es dem Leser selbst überlassen, die Anzahl der benötigten Steine herauszufinden.

Nicht nur der Zahn der Zeit nagt an diesem gewaltigen, das ganze Jagdgebiet umfassende Mauerwerk, auch abstürzende Bäume durchschlagen die Ziegel, und manchmal hinterlässt ein schlingerndes Auto eine Steinwüste. Die Rote Mauer steht unter Denkmalschutz, eine Sanierung muss also behutsam erfolgen. Hier springen die örtlichen Maurerlehrlinge ein und legen Hand an das Bauwerk. Jeder einzelne Ziegel wird im Fränkischen Freilandmuseum Bad Windsheim nach historischer Herstellung gebrannt und dann vor Ort in einem richtigen Mörtelbett verlegt. So kann Zeitgeschichte richtig spannend werden. Die Rote Mauer umspannte das gesamte markgräfliche Areal. Im heutigen Ortsteil Triesdorf finden sich weitere Mauerstücke, die Hirsch, Wildschwein, Fuchs und Co. von den kunstvollen Barockgärten und Gartenanlagen fernhalten sollten.

Im ehemaligen Torhaus gegenüber der Roten Mauer lassen sich heute gemütliche Kneipenabende verbringen, und im Sommer lädt ein Biergarten zum Seele-baumeln-Lassen ein. Für Reisende entlang der B 13 ist die Rote Mauer in Leidendorf das Tor ins Fränkische Seenland.

Adresse Am Kreuzweiher 5, 91746 Weidenbach-Triesdorf | **Anfahrt** A6 Ausfahrt
Gunzenhausen, B13 Richtung Gunzenhausen auf Höhe Leidenbach/Weiden-
bach-Triesdorf. Parkplätze in Höhe der Abzweigung Triesdorf/Weidenbach am
Gasthaus Quasimodo. | **Tipp** Die Rote Mauer zieht sich durch das ganze Campus-
gelände der Hochschule Weihenstephan-Triesdorf (siehe Seite 208).

102___Das Apothekenmuseum
Wo Pillen und Zäpfchen per Hand gefertigt wurden

Man muss schon genau hinschauen, um in einer kleinen Ecke im Schaufenster der Einhorn-Apotheke in Weißenburg den dezenten Hinweis auf das kleine, aber höchst außergewöhnliche historische Apothekenmuseum zu entdecken. Es ist sozusagen eine Apotheke in der Apotheke. Seit 1979 ist das Museum hier eingerichtet. Alle gezeigten Stücke sind Originale aus der Einhorn-Apotheke, nichts ist auf Hochglanz poliert, zugekauft oder ergänzt worden. Und gerade die Gebrauchsspuren machen das Besondere aus: Hier könnten noch Rezepte über die alten Holztische gereicht und in handgerührte Cremes und besondere Mittelchen umgewandelt werden. Ein Pulver mitsamt Originalschachtel hat sogar einen Ehrenplatz bekommen, als es aus einem Nachlass heraus an den Ort seiner Herstellung (im Jahre 1899) zurückkehrte.

Was genau den Zauber all dieser weißen Keramikschalen, abgedunkelten Viereckflaschen, zahlreichen Töpfchen und geheimnisvollen Gerätschaften ausmacht, lässt sich wohl nicht wirklich erklären. Vielleicht ist es die Erkenntnis, dass eine Apotheke früher eher eine Werkstatt mit hoher Handwerkskunst war und hier ein Heilwissen gesammelt wurde, das sich nicht auf der Schulbank erlernen ließ. Vielleicht aber auch einfach die mit einem kleinen Gruselfaktor ausgestattete Ahnung, diesem Heilwissen der Pülverchen und Salben im Krankheitsfalle ausgeliefert zu sein und im besten Fall damit wieder gesund zu werden. Immerhin zeigen die Gießformen für Zäpfchen, Pressapparaturen und Pillenbretter, wie viel sorgsame Handarbeit auf die Herstellung von Medikamenten verwandt wurde.

Vieles hat sich in all den Jahren geändert. Die Kräuterkammer dagegen – mit Original-Trockenschrank, Häckselmaschine und all dem nostalgisch-faszinierenden Zubehör – ist fast schon wieder zeitgemäß, und bei den regelmäßig angebotenen Führungen wird wie damals altes und neues Wissen ausgetauscht.

Adresse Stiftung Kohl'sche Einhorn-Apotheke, Rosenstraße 3, 91781 Weißenburg |
Anfahrt B 13 bis Ellingen, B 2 nach Weißenburg. Parkplätze sind ausgeschildert. In
Weißenburg das Parkhaus Doerflervilla zwischen der nördlichen und westlichen
Ringstraße anfahren. Von dort Richtung Marktplatz laufen. | **Öffnungszeiten**
Führungen Mo, Di, Do, Fr 11 und 14.30 Uhr, Mi, Sa 11 Uhr; Sonderführungen
unter www.einhorn-apotheke-weissenburg.de | **Tipp** Weißenburg hat für Kinder das
Entdeckerheft »Unterwegs in Biriciana« herausgebracht. Es ist im RömerMuseum
und in den Römischen Thermen erhältlich.

103 Der europäische Dorfladen

Grenzüberschreitender Geheimtipp für Feinschmecker

In diesem Dorfladen gibt es Lebensmittel mit Geschichten. Und weil die Besitzerin sich in vielen Ländern zu Hause fühlt, handeln diese Geschichten von Italien, Serbien, Griechenland, Spanien … Hinter all diesen gesammelten Leckerbissen stehen Menschen mit hohen handwerklichen Fähigkeiten.

Wer sich auf den Europäischen Dorfladen einlässt, sollte Zeit mitbringen, um die Geschichten hinter den feinen Lebensmitteln zu entdecken. Zeit braucht zum Beispiel auch der in Spänen von Whiskyfässern geräucherte Biolachs aus Schottland, den es nur in den Wintermonaten gibt. Oder die getrockneten Sonnentomaten aus Kalabrien. Da ist auch die Minibohne »Risina di Spello«, eine alte Bohnensorte, die der italienische Landwirt Augusto Antonelli wiederentdeckt hat. Sie wird gerade erst mühsam wieder angebaut und ist nur in kleinen Mengen zu erwerben. Aber das passt ja zum Dorfladen-Konzept, das den kleinen, feinen Dingen ihren Platz einräumt und genießt, was nicht alltäglich ist.

»Gut Ding will Weile haben« ist der Leitsatz von Christiane Strub, der Eigentümerin des Dorfladens. So dauerte es auch eine Weile, bis aus dem reinen Versandgeschäft nun auch ein realer Laden in der Weißenburger Altstadt geworden ist – dessen Öffnungszeiten allerdings auch etwas ausgefallen sind. Aber einfach mal klingeln, meint Christiane Strub. Wenn sie nicht gerade in Europa unterwegs ist, weiß sie sicher die eine oder andere Geschichte zu ökologisch angebauten Gewürzen und unterfränkischen Quitten zu erzählen. Oder die von englischen Trüffelpralinen, die erst nach zwei Tagen so weit sind, dass sie ein himmlisches Schokoladenaroma verbreiten.

Für Feinschmecker und Genießer sind die Fränkischen Genusstage ein Geheimtipp, die jeweils im April in Weißenburg stattfinden.

Adresse Panaché – der Europäische Dorfladen, Judengasse 32, 91781 Weißenburg, Tel. 0173/2983937, www.panache.de | **Anfahrt** B 13 bis Ellingen, B 2 nach Weißenburg, Parkplätze sind ausgeschildert, von dort Richtung Altstadt, über den Marktplatz zur Stadtverwaltung laufen, in die Judengasse abbiegen | **Öffnungszeiten** nach Voranmeldung | **Tipp** Wer wissen will, wie bereits die Römer gutes Essen genießen konnten, nimmt am besten an einer Führung durch die Römischen Therme, Am Römerbad, teil. Infos unter Tel. 09141/907124.

104_Der Hausausleger

Ein Blick nach oben verrät Zunft und Gewerbe

Bis zur Einführung der Gewerbefreiheit Anfang des 19. Jahrhunderts war es ein schöner Brauch, durch einen kunstvoll gestalteten Ausleger an der Hausfront das im Inneren ausgeführte Gewerbe oder Handwerk den Vorbeigehenden anzuzeigen. Meist ragte der aus Metall angefertigte, mit Zunft- und Brauchtumszeichen versehene Ausleger hoch über Kopfhöhe hinaus zur Straßenseite. In der Weißenburger Altstadt lohnt es sich daher, den Blick immer wieder mal nach oben schweifen zu lassen.

Traditionsgemäß tragen viele Gaststätten und Brauereien ihre eigenen Zeichen und Symbole nach außen, wie beispielsweise die prachtvolle goldene Rosenblüte des Hotels Goldene Rose. Die gegenüberliegende Einhorn-Apotheke (siehe Seite 212) dagegen zeigt ihr Markenzeichen im steinernen Einhorn, das hoch über dem Eingang liegend das Stadtleben beobachtet. In der Regel sind die Ausleger bereits so alt, dass viele von ihnen sich nicht mehr genau datieren lassen. So gehört der Goldene Stern oberhalb des Rathauses zu einer ehemaligen Brauerei (heute ein Gasthof), die 1314/1315 gebaut wurde und damit zu den ältesten noch erhaltenen Bürgerhäusern in Weißenburg zählt.

Einen Ausleger zu fertigen war teuer und noch dazu an das Gewerberecht des jeweiligen Hauses gebunden. Die Kosten lohnten sich nur, wenn das Gewerbe mitsamt Hauseigentum innerhalb der Familie an die nächste Generation weitergegeben wurde. Der Ausleger der Blauen Traube in der Luitpoldstraße hat inzwischen seine Zeit überdauert. 1774 wurde hier die Genehmigung zur Errichtung einer Bier-Braustätte erteilt, später folgte eine Gaststätte. Seit dem Umbau 1975 zu einem Geschäftshaus wacht der Ausleger mit der traditionellen Blauen Traube gewerbefremd über einem Schuhgeschäft.

Die Ausleger-Tradition wird erfreulicherweise von vielen Geschäften in der Altstadt übernommen und manchmal gar in zeitgemäße, luftig schwebende Eiswaffeln umgesetzt.

Adresse Tourist-Information im Bayerischen Limes-Infozentrum, Martin-Luther-Platz 3, 91781 Weißenburg, Tel. 09141/907124, www.weissenburg.info | **Anfahrt** der B 13 folgen bis Ellingen, B 2 nach Weißenburg, Parkplätze sind ausgeschildert, von dort Richtung Altstadt laufen | **Tipp** Was der Ausleger über das Bräustüberl »Zur Kanne« in der Bachgasse 15 nicht verrät, ist die Existenz eines kleinen Museums in den Kellerräumen mit historischen Braugeräten (Führungen und Besichtigungen im Bräustüberl oder unter Tel. 09141/3844).

105 _ Der Lehrpfad Grubschwart

Wo »Glückauf!« Fledermäusen den Lebensraum sichert

Sprenglöcher, Dachsbauten, Bombentrichter – all dies haben bis vor wenigen Jahren Spaziergänger mit dem seltsam geformten Erdreich im Waldgebiet zwischen Raitenbuch und Rothenstein verbunden. Seit 2012 führt ein Lehrweg auf zum Teil schmalen Pfaden mitten durch den Wald, in dem das alte Abbaugebiet liegt. 21 Infotafeln erzählen vom Eisenerzabbau der ehemaligen Grubschwart und die fast vergessene Geschichte des fränkischen Bergbaus.

Vermeintliche Dachsbauten entpuppen sich als verschüttete Stolleneingänge oder ehemalige Zisternen, Stollenbrüche treten zutage, und in den komisch geformten Steinbohnen in den Erdmulden versteckt sich das bereits im 15. Jahrhundert im Tagebau geförderte Bohnerz. Für die Obereichstätter Hüttenwerke spielte Grubschwart eine wichtige Rolle, daher wurde ab 1783 mit dem unterirdischen Erzabbau begonnen. Ab 1836 konnte das gewonnene Erz in Metallprodukten weiterverarbeitet werden, unter anderem in Ofenplatten für die damals üblichen Herdplattenöfen.

Im Historischen Eisenhammer Eckersmühlen bei Roth wird eine Obereichstätter Ofenplatte mit Ornamenten aus dem Jahre 1745 gezeigt. Mit Einstellung des Hochofenbetriebes in Obereichstätt 1874 nahm auch die Bedeutung der Erzgewinnung in Grubschart ab. 1893 wurde die Grube aufgelassen. Allein das Steigerhaus, in dem üblicherweise der Vorarbeiter des Bergwerks mit seiner Familie wohnte, wurde als Gasthaus weiter genutzt. Angeblich fanden sich jedoch die Bauern lieber hier als auf ihren Feldern wieder, sodass es bald geschlossen wurde und in dem verlassenen Waldgebiet noch einige Jahre Unterschlupf für Wilderer bot. In den Haupt- und Nebenstollen der Grube sind inzwischen andere Bewohner ganz offiziell unter Behördenschutz eingezogen: Von Oktober bis April überwintern an den rauen Steinwänden ganze Schwärme von Fledermäusen.

Adresse Wanderparkplatz »Grubschwart« im Raitenbucher Forst, Information: Tourist-Information Weißenburg, Martin-Luther-Platz 3, 91781 Weißenburg, Tel. 09141/907124 | **Anfahrt** der B 13 folgen bis Ellingen, B 2 nach Weißenburg, von Weißenburg über B 13 zwischen Laubenthal und Rothenstein, empfehlenswert: vorher die Anfahrt unter www.weissenburg.de/wege/montangeschichtlicher_lehrpfad-1015 abrufen | **Tipp** Für den gut 3 Kilometer langen »Montangeschichtlichen Lehrpfad Grubschwart« haben die Bayerischen Staatsforsten ein Hörspiel für Kinder entwickelt, das als App heruntergeladen werden kann.

106__Der SchokoLaden

Ein Wochenmarkt mit zart schmelzenden Versuchungen

Wer sich schon mal durch die verschiedenen Schokoladensorten und -arten gegessen hat, weiß, dass Schokolade nicht gleich Schokolade ist. Und ein klein wenig öffnet sich der Schokoladenhimmel, wenn man den Stand des SchokoLadens von Rainer Heubeck am Samstagvormittag auf dem Weißenburger Wochenmarkt entdeckt. Bis dahin ist bereits der Einkauf fürs Wochenende im Einkaufskorb verstaut, die wichtigsten Neuigkeiten beim Bummel über den Markt sind ausgetauscht, und in Gedanken wird schon das Mittagessen geplant. Eigentlich ist alles erledigt. Wenn da nicht noch der SchokoLaden im Söller des Gotischen Rathauses wäre. Als Dessert und krönender Abschluss sozusagen ein Blick in den Schokoladenhimmel.

Rainer Heubeck hat vor 25 Jahren »einfach mal so« angefangen, Pralinen zu machen. Und sich »einfach mal so« mit Schokolade beschäftigt. Seine handgemachten Pralinen sind jahreszeitliche Kreationen, gewürzt mit einem Hauch Exotik. Wer beispielsweise Fenchelpralinen skeptisch gegenübersteht, der schmilzt spätestens beim Anblick der kleinen, geheimnisvoll gold-bronzefarben glänzenden Schokoladenpraline mit dem Goldherzchen dahin.

Neben den Eigenkreationen liegen die weiteren Stufen, die in den Schokoladenhimmel führen: Sorten wie Bonnat, Domori, Cluizel, Gerbaud, Hochleitner, Amadei, O-Café, Slitti oder die Tiroler Edlen. Kennen muss man davon keine, denn Rainer Heubeck geht vor allem deswegen auf den Wochenmarkt, um mit seinen Kunden ins Gespräch zu kommen und über Schokolade zu philosophieren. Er kennt die Kakaosorten, ihre feinen Geschmacksunterschiede sowie die Schokoladenhersteller.

Der Stand ist ein Geheimtipp in der Weißenburger Feinschmeckerszene. Wer seine Wochenration zu knapp kalkuliert, muss bis zum nächsten Wochenmarkt warten. Erst dann öffnet sich wieder ein kleines Stück vom Schokoladenhimmel.

Adresse Rainer Heubeck, Weißenburger Wochenmarkt, 91781 Weißenburg | **Anfahrt** der B 13 folgen bis Ellingen, B 2 nach Weißenburg, Parkplätze sind ausgeschildert, von dort Richtung Altstadt laufen | **Öffnungszeiten** Wochenmarkt: Sa 8–12 Uhr vor und in der Markthalle Schranne, in den Sommermonaten am Gotischen Rathaus | **Tipp** Gestärkt mit Schokolade einen Ausflug zum wunderschönen Ellinger Deutschordenschloss unternehmen. Führungen finden nahezu täglich statt.

107__Die Türmerstube

Über den Dächern der Stadt

Beim Rundgang um die Kirche, auf dem Weg in die gegenüberliegende LIMES-Touristeninformation, fällt die unscheinbare schlichte Holztür zu Fuße des Ostturmes nicht weiter auf. Wie so oft entdeckt man das Besondere erst auf den zweiten Blick. Hinter diesem unscheinbaren Eingang befindet sich nämlich eine schmale Wendeltreppe, die 65 Meter aufwärts zur Spitze des Andreasturmes führt. Die Turmbesteigung birgt eine gewisse sportliche Herausforderung, belohnt aber mit einem phantastischen Rundumblick weit über Weißenburg hinaus.

1520 war der Turm nach einer Bauzeit von 60 Jahren endlich fertiggestellt und diente aufgrund seiner Höhe und des wunderbaren Blicks auf die Dächer Weißenburgs gleichzeitig als Feuerwachturm. Die Glocken sind von der Wendeltreppe aus zu sehen. Fest im Turm verankert hängen die Gebetsglocke, die Messglocke, die 12-Uhr-Glocke und die Sturmglocke nahe beieinander. Die Sturm- und Feuerglocke übernahm besonders im Mittelalter eine wichtige Funktion, die eng mit der Aufgabe des Stadttürmers zusammenhing. Bis 1925 war dessen Wohnung in 52 Metern Höhe untergebracht, hier lebte er mit seiner Familie. Seinen Wohn- und Arbeitsplatz, die Türmerstube, erreichte er über eine Wendeltreppe.

Den Beruf des Türmers sieht man spätestens dann mit anderen Augen, wenn man selbst dort oben steht. Tag und Nacht musste er Feuerwache halten. Sobald eine auffällige Rauchsäule aufstieg, läutete er die Feuer- oder Sturmglocke. In den schmalen Straßen standen die Häuser eng nebeneinander, Holz war das gängige Baumaterial, und sobald ein offenes Feuer außer Kontrolle geriet, legte es ganze Straßenzüge in Schutt und Asche. Rechtzeitiges Eingreifen konnte einen Großbrand verhindern. Wer nach der lohnenswerten Anstrengung der Turmbesteigung eine Stärkung braucht, wird im Gegensatz zu damals im gegenüberliegenden Museumscafé bestens versorgt.

Adresse St. Andreas, Martin-Luther-Platz, 91781 Weißenburg, Tel. 09141/97460 |
Anfahrt der B 13 bis Ellingen, B 2 nach Weißenburg. Parkplätze sind ausgeschildert.
Im Altstadtkern am Bayerischen Limes-Infozentrum beziehungsweise Römermuseum.
Hier befindet sich auch die Tourist-Information. | **Öffnungszeiten** Schlüssel bei der
Tourist-Information gegen Ausweisvorlage ausleihen, Tel. 09141/907124 | **Tipp**
Wertvolle Ausstellungsstücke in der Schatzkammer im Turmuntergeschoss des
Nordturmes erzählen die Geschichte der St.-Andreas-Kirche.

108__ Die Turmuhrwerke
Letzte Rettung für mechanische Großuhrenwerke

Sie sind ganz oben in der ausgebauten Dachkammer des Reichs-stadtmuseums untergebracht, und nur wenige Besucher verlaufen sich in den Raum mit den fünf prachtvollen Turmuhrwerken. Ein-mal im Monat jedoch dürfen die Zahnräder ineinandergreifen und sich drehen, denn dann kommt der Uhrenliebhaber Siegfried Kunze zu seinem Kontrollgang. Er kennt jedes Schräubchen und noch so versteckte Zahnrad ganz genau und sorgt dafür, dass der einwand-freie Lauf erhalten bleibt. Von ihm erfährt man an diesem Nachmit-tag, dass jedes noch so winzige Teil im gesamten Uhrwerk auf dem ihm zugedachten Platz sein muss, damit das Laufwerk ohne Abnut-zungen auch die nächsten Jahrhunderte laufen kann.

Er muss es wissen. Jedes der – bisher – fünf Sammlerstücke auf dem Dachboden wurde von ihm aus den hintersten Turmecken aus-gebaut, von Unmengen Taubendreck, altem Öl und Staubpolstern befreit und einer Entrostungs- und Entfärbungsprozedur unterwor-fen. Da jedes Teil des Werkes bereits vom damaligen Uhrwerkher-steller durchnummeriert und mit Richtungspfeilen versehen wurde, ist die Bauanleitung sozusagen inklusive. Auf manchem Schwungrad sind noch Nummer und Name des Uhrenmeisters eingraviert. Es dau-ert vom Rettungseinsatz bis Inbetriebnahme einen ganzen Winter, erst dann kann das Uhrwerk den Weg in die Museums-Dachkam-mer antreten. Unter den Stücken, die ihren Weg dorthin gefunden haben, befindet sich auch die älteste noch vorhandene Weißenburger Turmuhr des Gotischen Rathauses von 1859. Eines der Exponate ist von 1909 und damit noch jung an Uhrwerksjahren. Einst kostete dieses Uhrwerk mit Herstellung und Montage 577 Mark.

So gut wie alle Turmuhren werden heute elektrisch angetrieben, die handwerklich anspruchsvollen mechanischen Uhrwerke haben ausgedient. Wenn sie Glück haben, landen sie samt Uhrenkasten bei Siegfried Kunze. Und funkeln später in neuem Glanz unterm Mu-seumsdach.

Adresse Reichsstadtmuseum Weißenburg, Martin-Luther-Platz 3–5, 91781 Weißenburg, www.weissenburg.de | **Anfahrt** der B 13 folgen bis Ellingen, B 2 nach Weißenburg, Parkplätze sind ausgeschildert, von dort Richtung Altstadt laufen | **Öffnungszeiten** April–Ende der bayerischen Herbstferien täglich 10–17 Uhr, ab Ende der Herbstferien bis Jahresende und März täglich 10–12.30 Uhr und 14–17 Uhr; Vorführung der Weißenburger Turmuhrwerke: einmal monatlich, Termine gibt es im Museum oder über die Touristeninformation Weißenburg | **Tipp** Nicht weit Richtung Eichstätt befindet sich die Hohenzollernfestung Wülzburg. Eine bauliche Meisterleistung ist der Tiefe Brunnen im Westflügel der Burg.

109 Der Bismarckturm

50 Denkmäler für die Götterdämmerung

Kaum jemand würde heute noch auf die Idee kommen, ein so massives und monumentales Bauwerk als Aussichtsturm auf den 603 Meter hohen Rohrberg zu setzen. Der Bismarckturm ist Relikt und Denkmal aus einer vergangenen Zeit. Der eingravierte Reichsadler und das Bismarckwappen an seiner Säule verweisen auf das Jahr 1911, als der Turm nach langen Planungs- und Vorbereitungsjahren feierlich eingeweiht werden konnte. Dahinter stand eine Idee, die um die Jahrhundertwende von der damaligen deutschen Studentenschaft entworfen und zu großen Teilen auch umgesetzt wurde: Um die Verdienste von Bismarck zu würdigen, sollten überall in Deutschland einheitlich aussehende Bauwerke als Denkmal und Aussichtsplattform erbaut werden. Der Wiedererkennungswert als Bismarcksäule sollte sich durch die einheitliche Ausführung ergeben. Das Denken der damaligen Zeit spiegelt sich in dem Namen des Gewinnerentwurfes des damals durchgeführten Architekturwettbewerb wider: Die»Götterdämmerung« des Künstlers Wilhelm Kreis bestimmt seitdem das Aussehen der Bismarcktürme. Von rund 50 dieser Bauwerke war der Rohrberg-Turm der vorletzte, die lange Suche nach dem richtigen Standort hatte alles verzögert.

Der gut zwölf Meter hohe Turm steht auf einem zweistufigen, knapp 50 Quadratmeter großen Podest. Eine Treppe führt zum dunklen Eingang in das Innere, von wo aus sich die 46 Stufen einer engen Wendeltreppe, umgeben von dicken Steinwänden, in die Höhe winden. Schließlich öffnet sich der Aufgang auf das Turmplateau und erlaubt den weiten Blick in die Umgebung. Anknüpfend an die Denkmalskultur der damaligen Zeit befindet sich hier oben eine überdimensionale Feuerschale, die 1911 zur Eröffnung gleich den ersten Brandschaden verursachte.

Heute ist das klobig wirkende Steinmonument sanft eingebettet zwischen hohe Baumwipfel, ein Rundwanderweg zur Wülzburg führt vorbei.

226

Adresse Bismarckturm auf dem Rohrberg, nahe 91781 Weißenburg-Rohrberg |
Anfahrt der B 13 folgen bis Ellingen, B 2 Abzweigung Weißenburg Richtung
Rohrberg, etwa 1 Kilometer vom Ortsteil Hagenbuch entfernt, parken an der
Gaststätte Naturfreundehaus (Am Rohrberg, Rohrwalk), dann 700 Meter einem
Wanderweg/Trimm-dich-Pfad zum Turm folgen | **Tipp** Die Wanderwege
»Wülzburgweg« und »Weißenburger Premiumweg« führen hier vorbei.

110 Das LIMESEUM

Teufelsmauer im Seenland

Ganz klar, Ruffenhofen liegt ein Stück außerhalb des Seenlandes. Der römische Limes aber zieht sich als Teilstück des Raetischen Limes über Ruffenhofen (Strecke 13) nach Gunzenhausen und weiter zum Limesmuseum nach Weißenburg (Strecke 14). Damit durchquert der seit 2005 zum Welterbe der UNESCO gehörende Limes also auch das Seenland über rund 70 Kilometer. Rekonstruktionen von Wehrtürmen oder Mauerreste des Limes sind auf der gesamten Strecke zu entdecken, so auch das Bodendenkmal unterhalb der Burg Spielberg (siehe Seite 66).

Das 2012 eröffnete LIMESEUM Ruffenhofen bietet gleich zweifach einen Einstieg in die römische Geschichte: einmal durch ein architektonisch herausragendes Museumsgebäude, dessen faszinierende Architektur und Panoramaverglasungen die Trennung von künstlichem Raum und der Weite der umgebenden Natur aufzuheben scheinen, und zum anderen durch den Römerpark, ein begehbares Bodendenkmal. Bewusst wurde im Park auf Rekonstruktionen von Häusern oder Stallungen verzichtet, archäologische Funde sind nach ihrer Auswertung wieder zugeschüttet worden. Renaturierung war hier das Stichwort: Die Strukturen des Kastells markieren Hainbuchenhecken, andere heimische Pflanzen zeigen den Verlauf der Kastellgräben. Auf den Mannschaftsbaracken wächst dichtes Gras und bietet als Nebeneffekt vielen Kleintieren Deckung. Die Besucherwege entsprechen den früheren römischen Pfaden, und an zentralen Punkten stehen Informationstafeln oder Spielgeräte für Kinder, die das Leben in der Römerzeit visualisieren. Wer Fragen hat zum typischen Karriereweg »vom Pferdeknecht zum Reitersoldaten«, wendet sich an den römischen Reitersoldaten »December«, der an verschiedenen Hörstationen geduldig Antwort gibt. Einen Blick über das gesamte Römerparkgelände sowie den Nachbau des Kastells im Maßstab 1:10 erhält man vom nahe gelegen Aussichtshügel.

Adresse Römerpark Ruffenhofen 1, 91749 Wittelshofen, Tel. 09854/9799242, www.roemerpark-ruffenhofen.de | **Anfahrt** Der Römerpark ist ausgeschildert und befindet sich zwischen den Gemeinden Gerolfingen, Wittelshofen und dem Markt Weiltingen. B 466 Gunzenhausen Richtung Wassertrüdingen, St 2218 Richtung Gerolfingen oder B 25 Dinkelsbühl Richtung Wilburgstetten/Weiltingen. | **Öffnungszeiten** Park frei zugänglich, Museum: Di–Fr 10–16 Uhr, Sa, So und Feiertage 11–17 Uhr | **Tipp** Das nächste große Limesmuseum liegt in Weißenburg. Näher ist der teilrekonstruierte Limesturm am Ortsende von Mönchsroth in Richtung Wilburgstetten.

111_ Das Literaturmuseum

Wo eine Hundeleine Geschichten erzählt

Bis 1987 wurden hier die Kinder des Ortes unterrichtet und die vielen Eingangsstufen von den jungen Beinen meist im Eiltempo übersprungen. Heute bleibt mehr Zeit, die Stufen zu überwinden und die schmale Holztreppe in den ersten Stock zu erklimmen, um das modern inszenierte Literaturmuseum zu erleben. Das Knarren des alten Holzbodens des von 1684 bis 1686 erbauten ehemaligen Rat- und späteren Schulhauses untermalt die Schritte der Besucher, und jedes Ausstellungsdetail führt tiefer in die Zeit des Mittelalters, in dem der Epiker Wolfram von Eschenbach um 1170 bis 1220 vor Ort gelebt haben soll.

Sechs Jahre haben die Museumsgestalter gebraucht, bis 1995 ein Novum in der damaligen Museumslandschaft eröffnet werden konnte: ein Literaturmuseum über die Werke einer Person, über die nahezu nichts bekannt ist, noch dazu ohne ein einziges Ausstellungsstück. Das Wagnis ist gelungen. Phantasievolle Darstellungen wie das Fragment des Strophenepos des Titurel auf einer Hundeleine als Verbindung zwischen Liebe und Tod oder die eindeutig-zweideutige, mit rotem Plüsch ausgestattete Kemenate für Wolframs romantische Tageslieder spielen mit Licht, Material und Raumgestaltung. Die kleinen und verwinkelten Räume verstärken das geheimnisvolle Unbekannte im Wesen des Epikers Wolfram von Eschenbach, das im biografischen Raum zu Beginn des Rundgangs erklärt wird und hinführt zu seinen einzelnen Werken. Eine Führung durch das Museum sei hier jedem Besucher ans Herz gelegt, denn nur so lassen sich die an Bilder und Symbolik reichen Details entdecken und seine literarischen Inhalte verstehen.

Spuren des Epikers finden sich auch außerhalb des Museums. In seinem Heldenepos Parzival erwähnt Wolfram mehrmals den nahe gelegenen Turnierplatz der mächtigen Burg Abenberg. Den Parzival selbst soll er zwischen kalten Mauern auf der Burg Hohentrüdingen (siehe Seite 112) geschrieben haben.

Adresse Museum Wolfram von Eschenbach, Wolfram-von-Eschenbach-Platz 9, 91639 Wolframs-Eschenbach, www.wolframs-eschenbach.de, Tel. 09875/975534 | **Anfahrt** über die A6 Ausfahrt »Lichtenau/Wolframs-Eschenbach« Richtung Lichtenau, dort links abbiegen nach Wolframs-Eschenbach, an der Stadtmauer parken, das Museum liegt in der Ortsmitte | **Öffnungszeiten** April–Okt. Di–So 14–17 Uhr, So 10.30–12 und 14–17 Uhr; Nov.–März Sa, So 14–17 Uhr, Führungen: April–Okt. jeden ersten So im Monat 14 Uhr | **Tipp** Neuzeitlicher ist der Mittelalter-Spielplatz vor der Stadtmauer mit Rammbock und Wehrtürmen – und einer Kneippanlage für Gesundheitsbewusste.

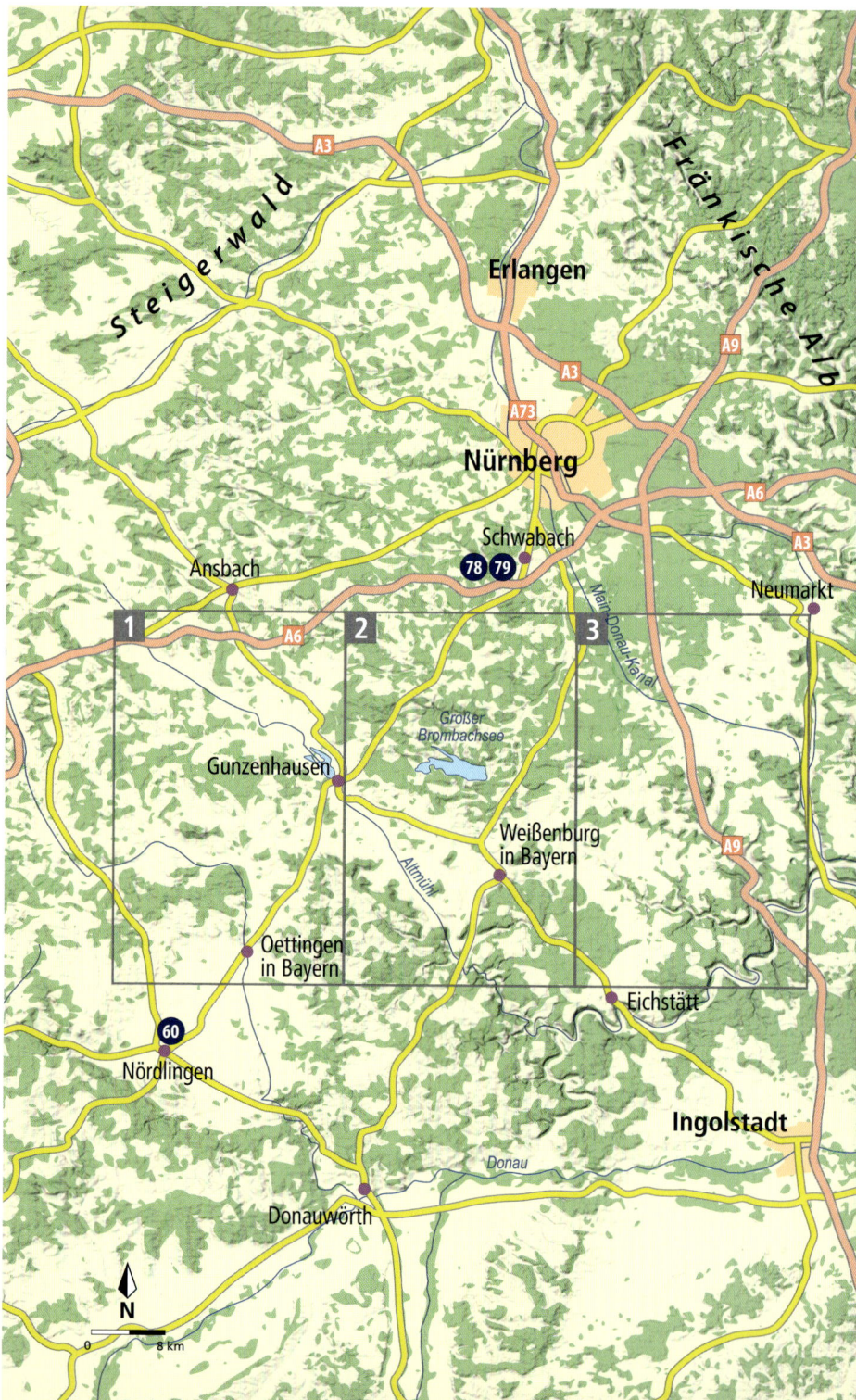

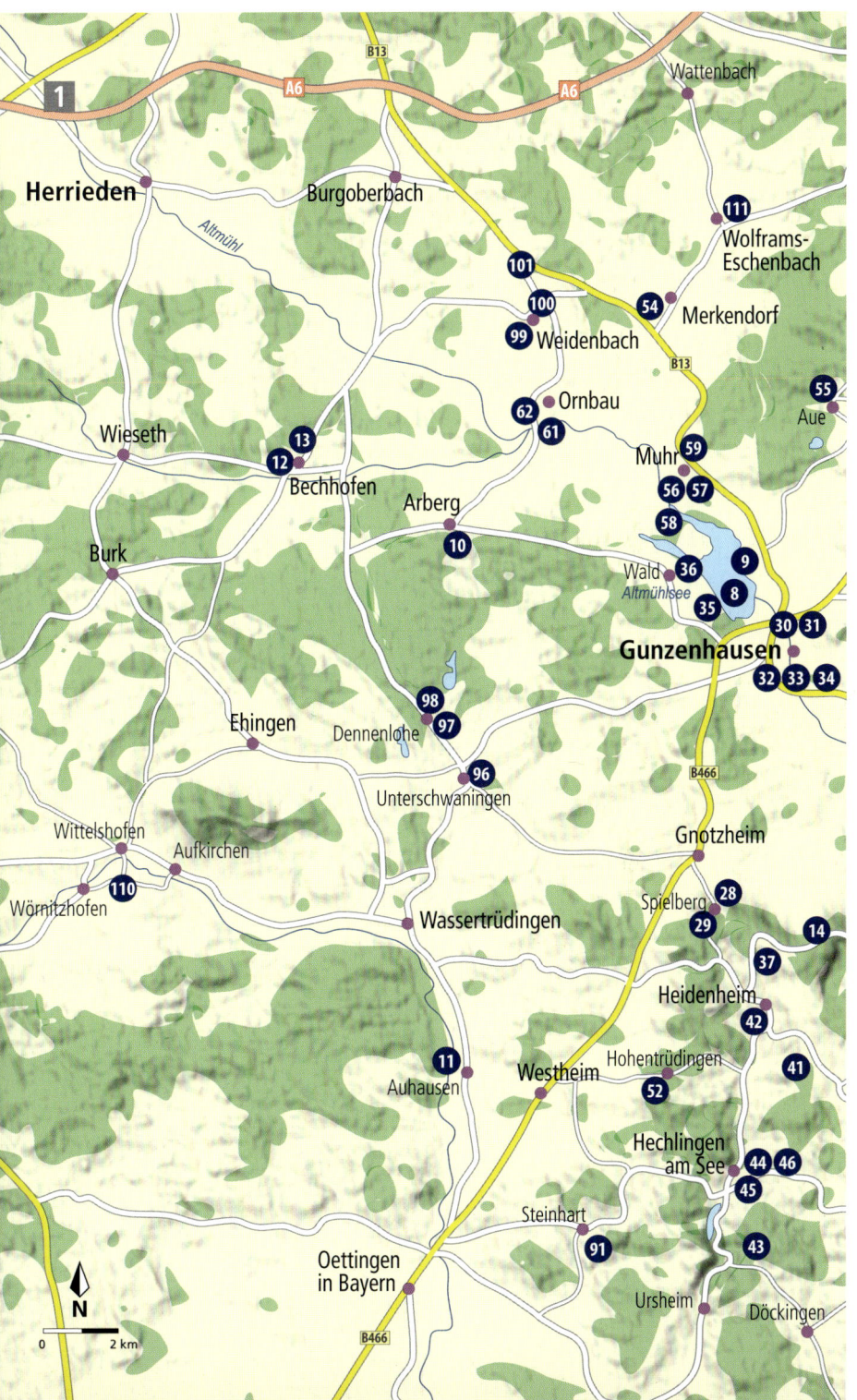

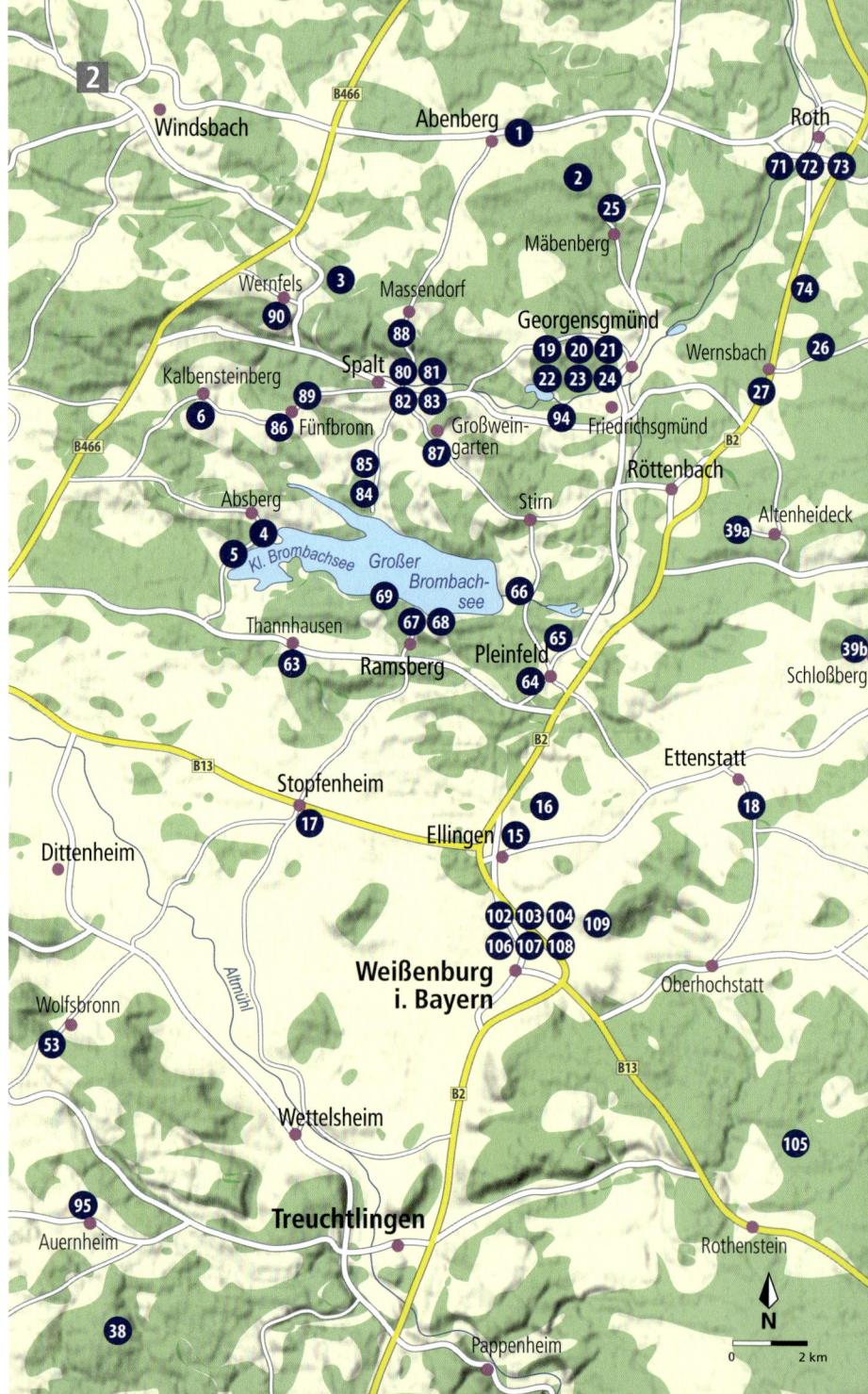

Rüdiger Liedtke
**111 Orte auf Mallorca, die
man gesehen haben muss**
ISBN 978-3-89705-975-7

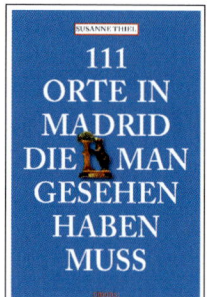

Susanne Thiel
**111 Orte in Madrid, die
man gesehen haben muss**
ISBN 978-3-95451-118-1

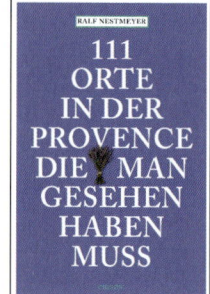

Ralf Nestmeyer
**111 Orte in der Provence,
die man gesehen haben
muss**
ISBN 978-3-95451-094-8

Peter Eickhoff
**111 Orte in Wien, die
man gesehen haben muss**
ISBN 978-3-89705-969-6

Stefan Spath
**111 Orte in Salzburg, die
man gesehen haben muss**
ISBN 978-3-95451-114-3

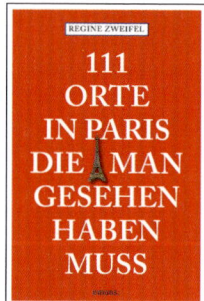

Regine Zweifel
**111 Orte in Paris, die
man gesehen haben muss**
ISBN 978-3-89705-823-1

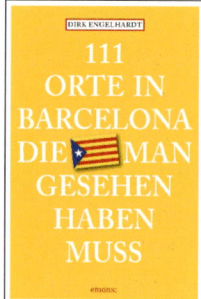

Dirk Engelhardt
**111 in Barcelona, die
man gesehen haben muss**
ISBN 978-3-95451-066-5

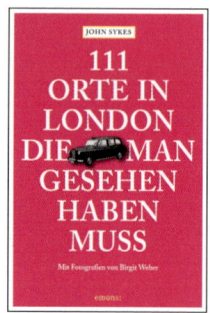

John Sykes
**111 Orte in London, die
man gesehen haben muss**
ISBN 978-3-95451-117-4

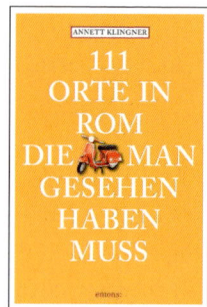

Annett Klingner
**111 Orte in Rom, die
man gesehen haben muss**
ISBN 978-3-95451-219-5

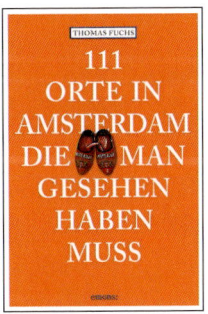

Thomas Fuchs
**111 Orte in Amsterdam, die
man gesehen haben muss**
ISBN 978-3-95451-209-6

Stefan Spath, Gerald Polzer
**111 Orte im Salzkammergut,
die man gesehen haben muss**
ISBN 978-3-95451-231-7

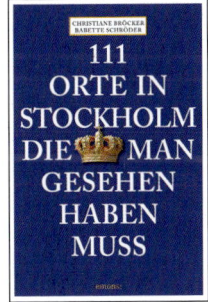

Christiane Bröcker,
Babette Schröder
**111 Orte in Stockholm, die
man gesehen haben muss**
ISBN 978-3-95451-203-4

Sabine Gruber, Peter Eickhoff
**111 Orte in Südtirol, die
man gesehen haben muss**
ISBN 978-3-95451-318-5

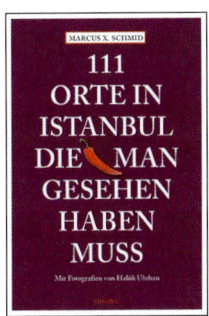

Marcus X. Schmid
**111 Orte in Istanbul, die
man gesehen haben muss**
ISBN 978-3-95451-333-8

Gerd Wolfgang Sievers
**111 Orte in Venedig, die
man gesehen haben muss**
ISBN 978-3-95451-352-9

Rüdiger Liedtke,
Laszlo Trankovits
**111 Orte in Kapstadt, die
man gesehen haben muss**
ISBN 978-3-95451-456-4

Eckhard Heck
**111 Orte in Maastricht, die
man gesehen haben muss**
ISBN 978-3-95451-368-0

Petra Sophia Zimmermann
**111 Orte am Gardasee und
in Verona, die man gesehen
haben muss**
ISBN 978-3-95451-344-4

Lucia Jay von Seldeneck,
Carolin Huder, Verena Eidel
**111 Orte in Berlin, die
man gesehen haben muss**
ISBN 978-3-89705-853-8

Bernd Imgrund
**111 Kölner Orte, die man
gesehen haben muss**
Band 1
ISBN 978-3-89705-618-3

Lucia Jay von Seldeneck,
Carolin Huder, Verena Eidel
**111 Orte in Berlin,
die Geschichte erzählen**
ISBN 978-3-95451-039-9

Rike Wolf
**111 Orte in Hamburg, die
man gesehen haben muss**
ISBN 978-3-89705-916-0

Gabriele Kalmbach
**111 Orte in Stuttgart, die
man gesehen haben muss**
ISBN 978-3-95451-004-7

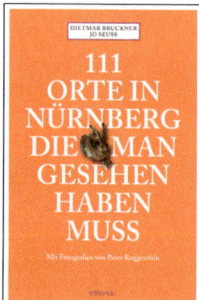

Dietmar Bruckner, Jo Seuß
**111 Orte in Nürnberg, die
man gesehen haben muss**
ISBN 978-3-95451-042-9

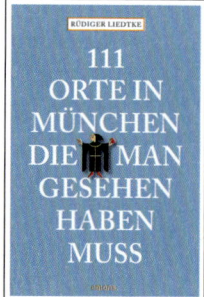

Rüdiger Liedtke
**111 Orte in München, die
man gesehen haben muss**
ISBN 978-3-89705-892-7

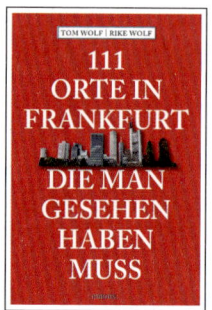

Rike Wolf, Tom Wolf
**111 Orte in Frankfurt, die
man gesehen haben muss**
ISBN 978-3-95451-342-0

Peter Eickhoff
**111 Düsseldorfer Orte, die
man gesehen haben muss**
ISBN 978-3-89705-699-2

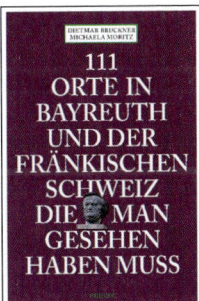

Dietmar Bruckner,
Michaela Moritz
**111 Orte in Bayreuth und der
Fränkischen Schweiz, die
man gesehen haben muss**
ISBN 978-3-95451-130-3

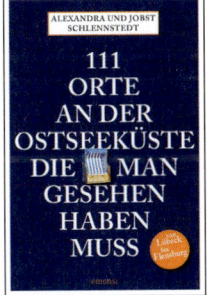

Alexandra und Jobst
Schlennstedt
**111 Orte an der
Ostseeküste, die man
gesehen haben muss**
ISBN 978-3-89705-824-8

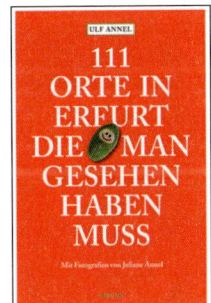

Ulf Annel
**111 Orte in Erfurt, die man
gesehen haben muss**
ISBN 978-3-95451-022-1

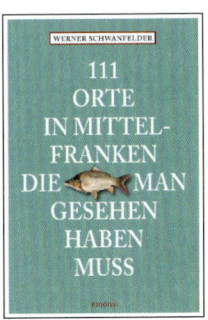

Werner Schwanfelder
**111 Orte in Mittelfranken,
die man gesehen haben muss**
ISBN 978-3-95451-336-9

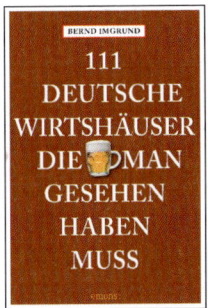

Bernd Imgrund
**111 deutsche Wirtshäuser,
die man gesehen haben muss**
ISBN 978-3-95451-080-1

Cornelia Kuhnert
**111 Orte in Hannover, die
man gesehen haben muss**
ISBN 978-3-95451-086-3

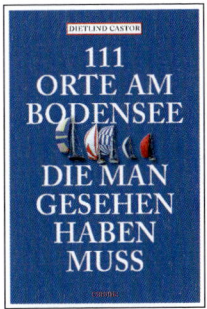

Dietlind Castor
**111 Orte am Bodensee, die
man gesehen haben muss**
ISBN 978-3-95451-063-4

Daniela Bianca Gierok,
Ralf H. Dorweiler
**111 Orte im Schwarzwald, die
man gesehen haben muss**
ISBN 978-3-89705-950-4

Bernd Imgrund
**111 Orte in der Eifel, die
man gesehen haben muss**
ISBN 978-3-95451-003-0

Die Autorin

Kerstin Söder lebt seit zwanzig Jahren im Fränkischen Seenland und ist gerne unterwegs. Mit Neugier im Gepäck und dem Gespür für das Schöne in der zweiten Reihe ist sie auf die Suche nach den oft unentdeckten Besonderheiten der Region um die fünf Seen gegangen, um deren Geschichten zu erzählen.